目で見てわかる
部位別筋力トレーニング

監修　堀居　昭
編集　弘　卓三
　　　山田　保
　　　井川正治
　　　濱野　学
　　　衣笠竜太

株式会社 杏林書院

［執筆協力者］

上田　　大（日本体育大学講師／第3章　全身，上肢，下肢，体幹）
堀居　常寛（日本体育大学研究生／第3章　全身，上肢，下肢，体幹）
知念　令子（日本体育大学講師／第3章　全身，上肢，下肢，体幹）
水野　増彦（日本体育大学助教授／第3章　陸上競技（短距離））
小川　将司（日本体育大学助手／第3章　陸上競技（短距離））
石井　隆士（日本体育大学助教授／第3章　陸上競技（中距離，長距離））
別府　健至（日本体育大学駅伝部監督／第3章　陸上競技（長距離））
黄　　仁官（日本体育大学講師／第3章　陸上競技（跳躍））
江口　和美（日本体育大学大学院生／第3章　水泳）
具志堅幸司（日本体育大学教授／第3章　体操競技）
監物　永三（日本体育大学教授／第3章　体操競技）
畠田　好章（日本体育大学助手／第3章　体操競技）
永友　憲治（日本体育大学助手／第3章　ウェイトリフティング）
藤本　英男（日本体育大学助教授／第3章　レスリング）
松本　慎吾（日本体育大学大学院生／第3章　レスリング）
山本　洋祐（日本体育大学助教授／第3章　柔道）
根本　　研（日本体育大学助手／第3章　バレーボール）
進藤満志夫（日本体育大学教授／第3章　バレーボール）
森田　淳悟（日本体育大学教授／第3章　バレーボール）
後藤　篤志（日本体育大学研究生／第3章　ラグビー）
林　　忠男（日本体育大学講師／第3章　バドミントン）
清原　伸彦（日本体育大学教授／第3章　水球）
石川　　武（日本体育大学教授／第3章　バスケットボール）
清水　義明（日本体育大学教授／第3章　バスケットボール）
西尾　末広（日本体育大学教授／第3章　バスケットボール）
松尾　晋典（日本体育大学大学院生／第3章　バスケットボール）
衣笠　竜太（武蔵野大学専任講師／第3章　テニス）
濱野　　学（明治学院大学非常勤講師／第3章　スピードスケート，ショートトラック）
大出　一水（日本体育大学教授／第3章　スキー（アルペン，ジャンプ））
工藤　　聡（日本体育大学助手／第3章　スキー（アルペン，ジャンプ））

はじめに

　1953年にT.H.ヘティンガーとE.A.ミューラーによって筋力トレーニングに関する研究が発表されてから50年以上の歳月が過ぎました．その50年の間に，日本では東京（1969年），札幌（1972年），長野（1998年）の3回のオリンピックと，1回のサッカーワールドカップ（2002年）が開催され，スポーツに科学という目の大切さが強調されました．そしてこの本が出版された頃にはトリノオリンピックを間近に控え，活躍が期待される日本選手の顔がブラウン管に流されていると思います．とりわけ，選手の競技力向上には科学的筋力トレーニングが必要であるという考えがますます定着してきたのではないでしょうか．

　科学とは，より効果的なことを示し，余分なことをなくすことと考えられています．したがって，筋を鍛えるにしてもそれなりの原理や原則，やり方を科学的にしなければその効果はあまり期待できるものではありません．トレーニングの条件や負荷設定については，ヘティンガーとミューラー以来，多くのウェイトトレーニングの本が出版され紹介されています．しかし，実際の運動中の動き（ここでいうウェイトトレーニング種目中）と生体の電気現象（筋電図）を同時にとらえ，科学の目から紹介した本はあまり多くありません．トレーナーはもちろんのこと，運動を実施する実践者たちも筋力トレーニング中の動きと筋の使われ具合を，理解する必要があるわけです．私たちも，この本の作成中，実際に使われている筋の動きと筋電図の間には少しずれがあると感じました．実験室やスポーツ現場での経験主義的な発想では科学的運動処方はできないということを肌身で感じたのです．経験から生じる過ちが過信を助長し，ひいては科学を否定するような感じさえもしました．

　言うまでもなく，筋力トレーニングは私たちの生活に直結する生活習慣病などの対策にも必要不可欠です．かつては全身持久性の運動が健康・体力づくりや生活習慣病予防への対策のように考えられてきましたが，最低限の筋力がないことには歩行もままなりません．筋力がないことには全身持久力の運動もできないことになります．また，近年には筋肉美の追求もはじまり，筋の時代がくることが予想されます．

　本書は，科学的視野からスポーツ・運動と筋力トレーニングをわかりやすく解説し，一般体育はもちろんのこと，各種スポーツ・競技力向上のための重要な指針となることを，さらには体育・スポーツ愛好者の座右の書になればと願い作成しました．

　最後に本書の企画，出版に際し長時間に渡りご尽力を頂きました杏林書院に謝意を表します．

平成17年9月　鶴見大学体育学研究室にて　　　　　　　　　　　医学博士　弘　卓三

本書では，筋および関節の名称が数多くでてくる．したがって読みづらいと思われる漢字の読みを下記のように列挙した．是非，参考にしていただきたい．

[50音順]

烏口腕筋（うこうわんきん）
円回内筋（えんかいないきん）
回外筋（かいがいきん）
外側広筋（がいそくこうきん）
外腹斜筋（がいふくしゃきん）
胸鎖乳突筋（きょうさにゅうとつきん）
棘下筋（きょくかきん）
棘上筋（きょくじょうきん）
肩関節（けんかんせつ）
肩甲下筋（けんこうかきん）
広背筋（こうはいきん）
股関節（こかんせつ）
三角筋（さんかくきん）
膝関節（しつかんせつ）
手関節（しゅかんせつ）
小円筋（しょうえんきん）
上腕三頭筋（じょうわんさんとうきん）
上腕二頭筋（じょうわんにとうきん）
脊柱起立筋（せきちゅうきりつきん）
全鋸筋（ぜんきょきん）
前脛骨筋（ぜんけいこつきん）
僧帽筋（そうぼうきん）
足関節（そくかんせつ）

大円筋（だいえんきん）
大胸筋（だいきょうきん）
大腿直筋（だいたいちょくきん）
大腿二頭筋（だいたいにとうきん）
大腿四頭筋（だいたいよんとうきん）
大殿筋（だいでんきん）
大内転筋（だいないてんきん）
中間筋（ちゅうかんきん）
肘関節（ちゅうかんせつ）
中殿筋（ちゅうでんきん）
長内転筋（ちょうないてんきん）
腸腰筋（ちょうようきん）
橈側手根屈筋（とうそくしゅこんくっきん）
内側広筋（ないそくこうきん）
内転筋（ないてんきん）
薄筋（はくきん）
半腱様筋（はんけんようきん）
半膜様筋（はんまくようきん）
腓腹筋（ひふくきん）
腹直筋（ふくちょくきん）
方形回内筋（ほうけいかいないきん）
縫工筋（ほうこうきん）
腕橈骨筋（わんとうこつきん）

目　次

第Ⅰ章　全身の筋

1. 表在する全身の主な筋（前面） 2
2. 表在する全身の主な筋（後面） 3
3. 関節の基本的な運動で主にはたらく筋群 4
   1) 肩関節の運動 4
   2) 肘関節の運動 5
   3) 手関節の運動 6
   4) 股関節の運動 7
   5) 膝関節の運動 8
   6) 足関節の運動 8
   7) 足の指の運動 8
   8) 首の運動 9
   9) 体幹の運動 9

第Ⅱ章　ウェイトトレーニングの実践

4. ウェイトトレーニングに必要な器具とその扱い方 12
   1) 主な器具の種類 12
   2) バーベルの握り方 13
   3) 構え方と挙上姿勢 15
5. 上肢の筋 18
   1) リスト・カール 18
   2) リスト・エクステンション 19
   3) リスト・ラディアル・フレクション 20
   4) リスト・ウルナ・フレクション 21
   5) リスト・プロネーション 22
   6) リスト・スピネーション 23
   7) バイセプス・カール 24
   8) コンセントレーション・カール 25
   9) ハンマー・カール 26
   10) ライイング・トライセプス・エクステンション 27
   11) シーテッド・トライセプス・エクステンション 28
   12) ダンベル・バックキック 29
6. 上肢帯の筋 30
   1) ベント・アーム・プルオーバー 30
   2) ストレート・アーム・プルオーバー 31
   3) シーテッド・ショルダー・プレス 32
   4) フォワード・レイズ 33
   5) アップライト・ロウ 34

  6）ラテラル・レイズ ……………………………………………………………… 35
  7）ショルダー・シュラッグ ……………………………………………………… 36
 7．体幹の筋 ………………………………………………………………………… 37
  1）フラット・ベンチ・プレス …………………………………………………… 37
  2）フラット・ベンチ・ダンベル・フライ ……………………………………… 38
  3）インクライン・ベンチ・プレス ……………………………………………… 39
  4）ディクライン・ベンチ・プレス ……………………………………………… 40
  5）ベント・オーバー・ロウ ……………………………………………………… 41
  6）ベント・オーバー・ラテラル・レイズ ……………………………………… 42
  7）ベント・オーバー ……………………………………………………………… 43
  8）スティフ・レッグ・デッド・リフト ………………………………………… 44
  9）サイド・ベント ………………………………………………………………… 45
 8．下肢帯の筋と下肢の筋 ………………………………………………………… 46
  1）スクワット ……………………………………………………………………… 46
  2）フロント・スクワット ………………………………………………………… 47
  3）デッド・リフト ………………………………………………………………… 48
  4）レッグ・ランジ ………………………………………………………………… 49
  5）フライング・スプリット ……………………………………………………… 50
  6）サイド・ランジ ………………………………………………………………… 51
  7）シシー・スクワット・ウィズ・ウェイト …………………………………… 52
  8）カーフ・レイズ ………………………………………………………………… 53
  9）ニー・ベント・カーフ・レイズ ……………………………………………… 54
 9．全身の筋 ………………………………………………………………………… 55
  1）プッシュ・プレス ……………………………………………………………… 55
  2）パワー・クリーン ……………………………………………………………… 56
  3）スナッチ ………………………………………………………………………… 57
  4）スプリット・スナッチ ………………………………………………………… 58
 10．ノンウェイト ………………………………………………………………… 59
  1）ヒップ・ローリング …………………………………………………………… 59
  2）ヒップ・ローリング2 ………………………………………………………… 60
  3）ヒップ・ローリング・ツイスト ……………………………………………… 61
  4）ヒップ・アブドミナル・ローリング ………………………………………… 62
  5）ヒップ・アブドミナル・ローリング・ツイスト …………………………… 63
  6）スラスト ………………………………………………………………………… 64
  7）（チューブを利用した）ニー・プル …………………………………………… 65
  8）バランスボールを利用したニー・プル ……………………………………… 66
  9）ヒップ・アップ ………………………………………………………………… 67
  10）（チューブを利用した）ヒップ・エクステンション ………………………… 68
  11）ランジ・ジャンプ ……………………………………………………………… 69
  12）サイクルド・スプリット・スクワット・ジャンプ ………………………… 70

第Ⅲ章　トレーニングの実践例

- 11. 全身のサーキットトレーニング1 ････････････････････････････ 72
- 12. 全身のサーキットトレーニング2 ････････････････････････････ 74
- 13. 上肢のサーキットトレーニング ････････････････････････････ 76
- 14. 下肢のサーキットトレーニング ････････････････････････････ 78
- 15. 体幹のサーキットトレーニング ････････････････････････････ 80
- 16. 陸上競技（短距離） ････････････････････････････････････ 82
- 17. 陸上競技（中距離） ････････････････････････････････････ 86
- 18. 陸上競技（長距離） ････････････････････････････････････ 89
- 19. 陸上競技（跳躍） ･････････････････････････････････････ 91
- 20. 水　泳 ･･･ 94
- 21. 体操競技 ･･･ 98
- 22. ウェイトリフティング ････････････････････････････････････ 101
- 23. レスリング ･･ 104
- 24. 柔　道 ･･ 106
- 25. バレーボール ･･･････････････････････････････････････ 110
- 26. ラグビー ･･･ 114
- 27. バドミントン ･･ 118
- 28. 水　球 ･･ 122
- 29. バスケットボール ････････････････････････････････････ 125
- 30. テニス ･･ 128
- 31. スピードスケート ････････････････････････････････････ 131
- 32. ショートトラック ････････････････････････････････････ 134
- 33. スキー（アルペン） ･･･････････････････････････････････ 138
- 34. スキー（ジャンプ） ･･･････････････････････････････････ 140

第1章
全身の筋

1. 表在する全身の主な筋（前面）
2. 表在する全身の主な筋（後面）
3. 関節の基本的な運動で主にはたらく筋群

　ヒトは多関節動物であり，全身には約300種・400組の筋をもっている．それら多くの筋は大脳，中脳などでうまく調整され，最終的にはすべての筋が協調され，ひとつの動きとなっている．すなわち，全身の筋がからだのどこにあり，関節の動きにはどのような筋が関与しているかを理解することは，ウェイトトレーニングをする上では重要なことである．加えて，目的とする運動に近い型でトレーニングすることが効果的とされている．

　ここでは，全身の表在する主な筋を前面と後面から観察し，その代表的な筋名称を紹介している．すなわち，紹介されている筋群は比較的大きい筋ばかりであり，動きを起こすための主働筋群や，その拮抗筋群が主である．さらに，関節の基本的な運動で主にはたらく筋群は，上肢，下肢，体幹とに分け紹介している．しかし，これらはあくまでも基本的な動作であり，運動種目への適応にはこれらを熟知し，応用させる必要があることを忘れてはならない．

　注）ヒトの動きには深層筋といわれる小筋群も関与してあり，無視することはできないものであるが，紙面の関係で今回は紹介していない．

1. 表在する全身の主な筋（前面）

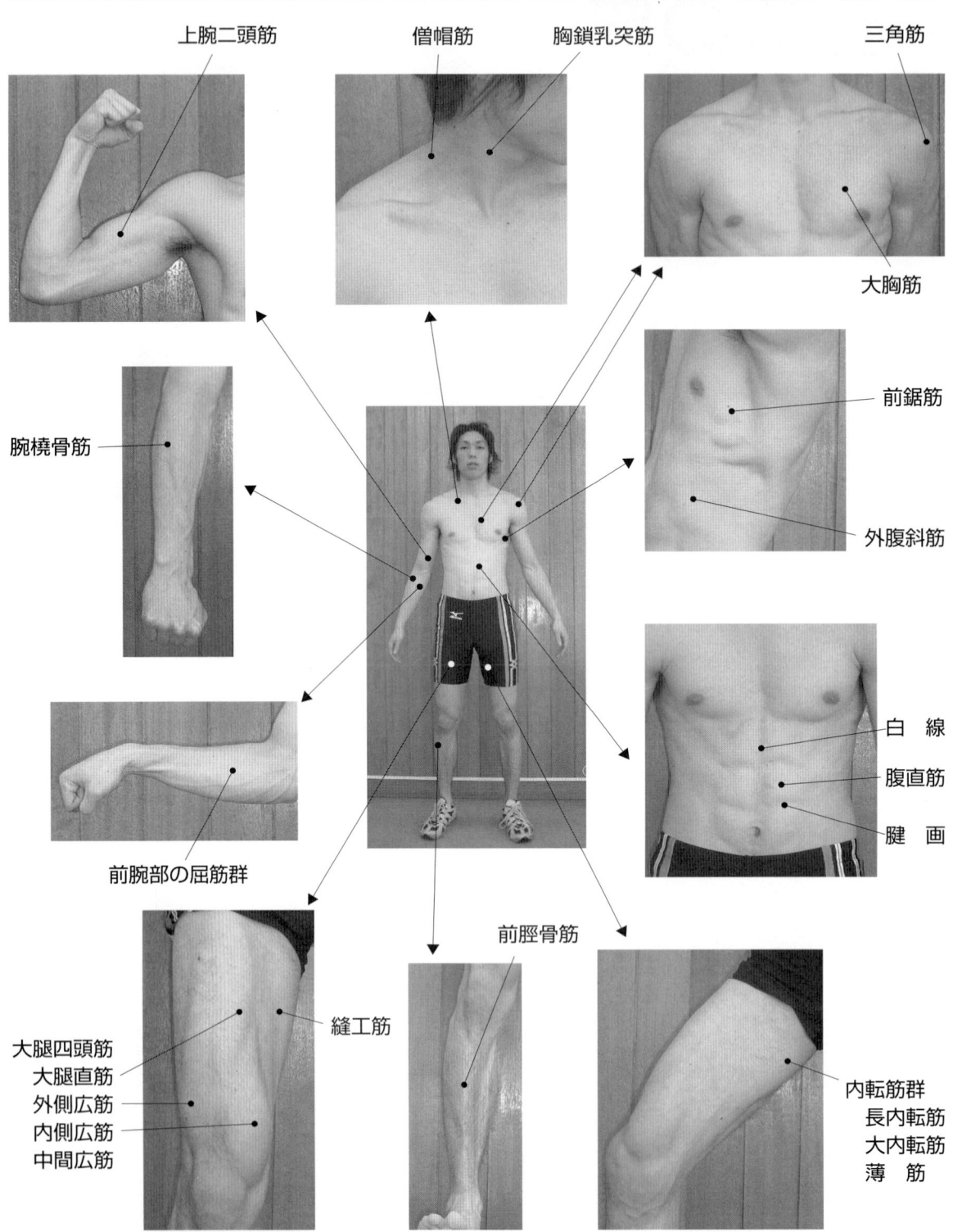

2. 表在する全身の主な筋（後面）

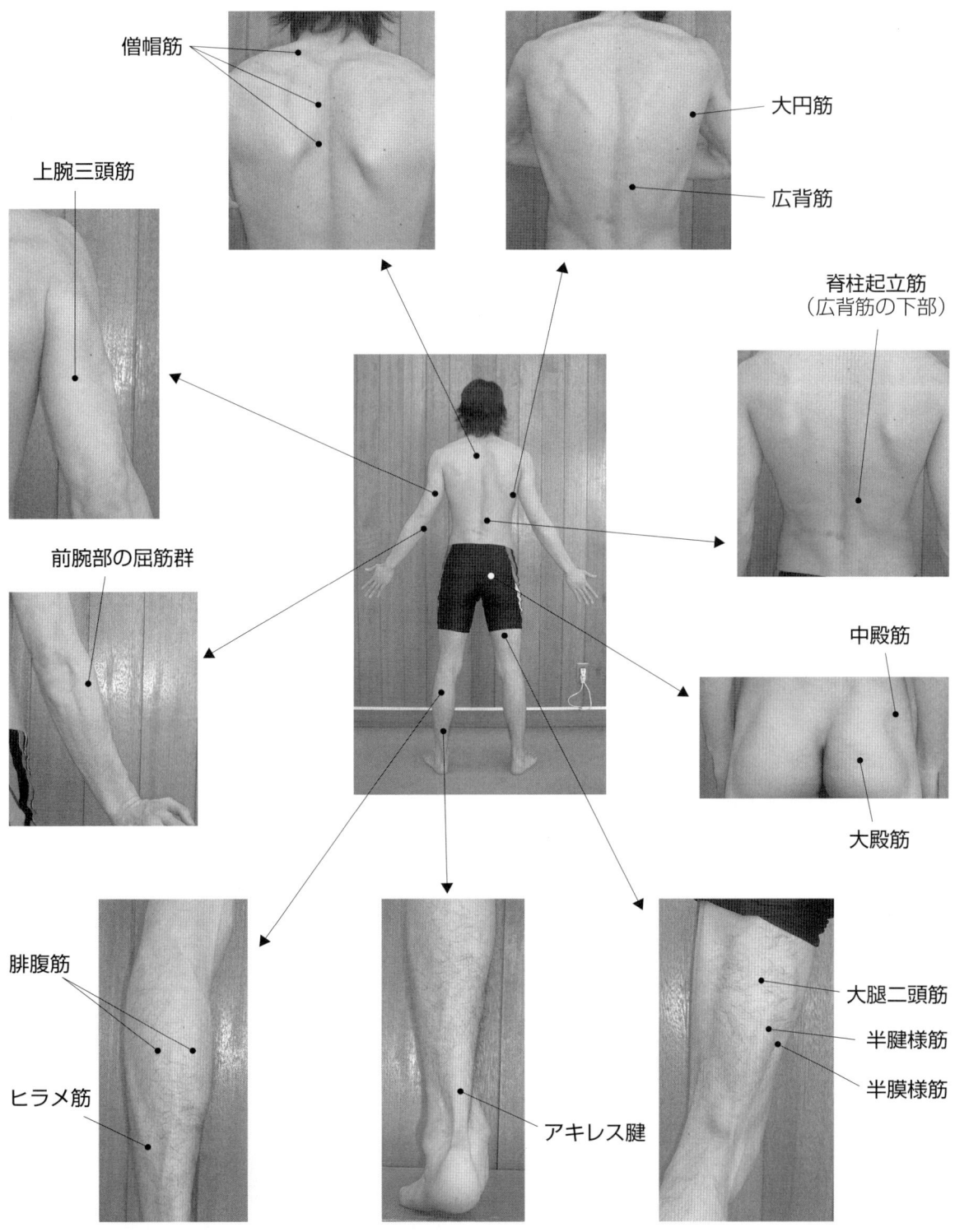

3. 関節の基本的な運動で主にはたらく筋群

1）肩関節の運動

・腕を前方にあげる運動

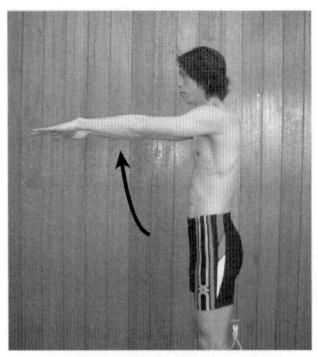

〈筋の名称〉
三角筋前部
（M.deltoideus）
烏口腕筋
（M.coracobrachialis）

・腕を後方にあげる運動

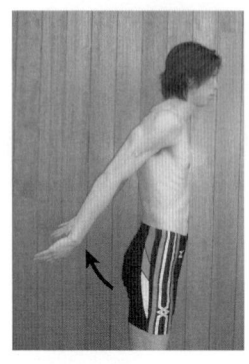

〈筋の名称〉
広背筋
（M.latissimus dorsi）
大円筋
（M.teres major）
三角筋後部
（M.deltoideus）

・腕を側方にあげる運動

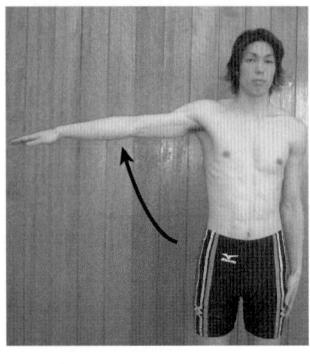

〈筋の名称〉
三角筋中部
（M.deltoideus）
棘上筋
（M.supraspinatus）

・腕を側方にあげた位置から後方へ開く運動

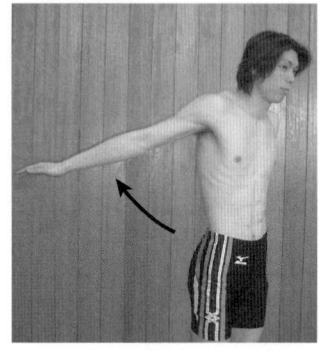

〈筋の名称〉
三角筋後部
（M.deltoideus）

・腕を側方にあげた位置から内側に下ろす運動

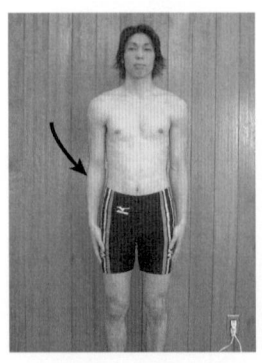

〈筋の名称〉
大胸筋
（M.pectoralis major）
大円筋
（M.teres major）
広背筋
（M.latissimus dorsi）

・腕を側方にあげた位置から前方へ閉じる運動

〈筋の名称〉
大胸筋
（M.pectoralis major）

・腕を外側にひねる運動

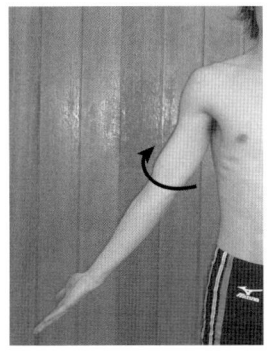

〈筋の名称〉
棘下筋
（M.infraspinatus）
小円筋
（M.teres minor）

・腕を内側にひねる運動

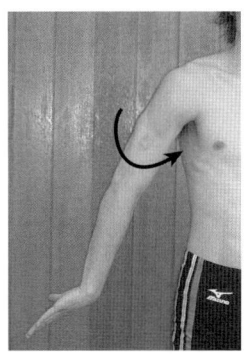

〈筋の名称〉
肩甲下筋
（M.subscapularis）
大胸筋
（M.pectoralis major）
広背筋
（M.latissimus dorsi）
大円筋
（M.teres major）

2）肘関節の運動

・肘を曲げる運動

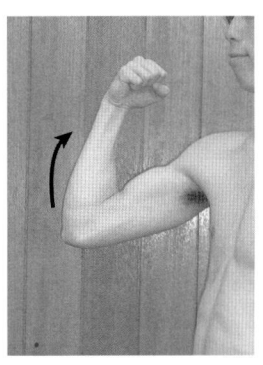

〈筋の名称〉
上腕二頭筋
（M.biceps brachii）
上腕筋
（M.brachialis）

・肘を伸ばす運動

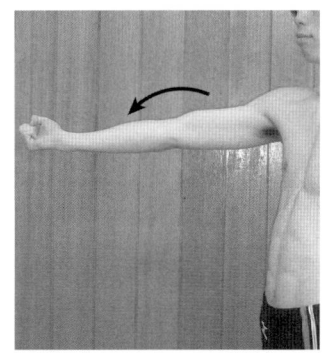

〈筋の名称〉
上腕三頭筋
（M.triceps brachii）

・肘を外側にひねる運動

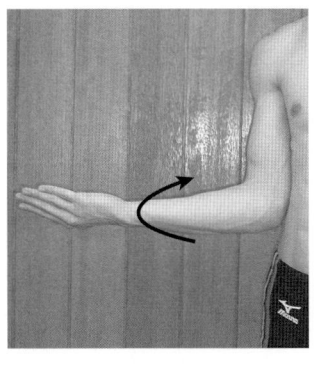

〈筋の名称〉
回外筋
（M.supinator）
上腕二頭筋
（M.biceps brachii）

・肘を内側にひねる運動

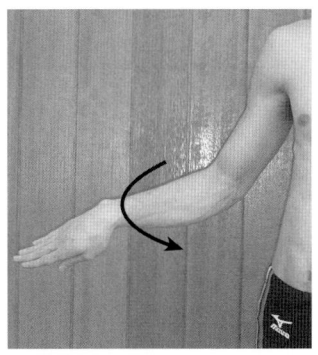

〈筋の名称〉
円回内筋
（M.pronator teres）
方形回内筋
（M.pronator quadratus）

3）手関節の運動

・手首を曲げる運動

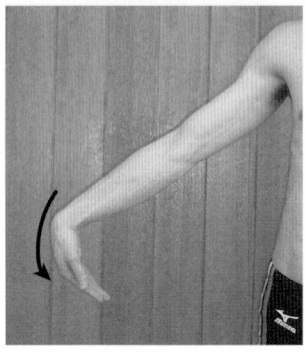

〈筋の名称〉
橈側手根屈筋
（M.flexor carpi radialis）
尺側手根屈筋
（M.flexor carpi ulnaris）

・手首を伸ばす運動

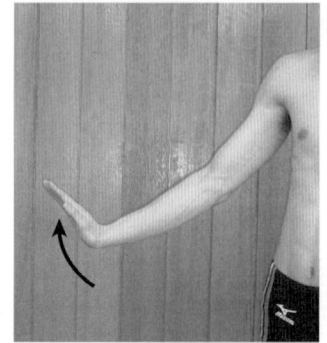

〈筋の名称〉
長橈側手根屈筋
（M.flexor carpi radialis longus）
短橈側手根屈筋
（M.flexor carpi radialis brevis）
尺側手根屈筋
（M.flexor carpi ulnaris）

・手でものを握る運動

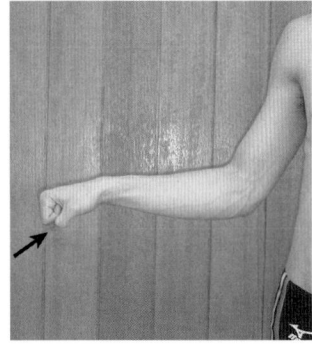

〈筋の名称〉
虫様筋
（Mm.lumbricales）
背側骨間筋
（Mm.interossei dorsales）
浅指屈筋
（M.flexor digitorum superficialis）
短母指屈筋
（M.flexor pollicis brevis）
長母指屈筋
（M.flexor pollicis longus）
深指屈筋
（M.flexor digitorum profundus）など

・手でものを握った状態から放す運動

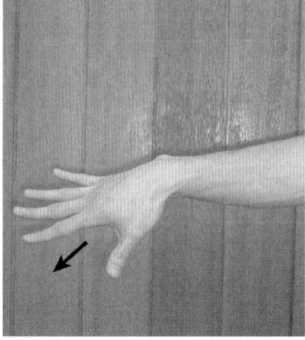

〈筋の名称〉
指伸筋
（M.extensor digitorum）
示指伸筋
（M.extensor indicis）
小指伸筋
（M.extensor digiti minimi）
短母指伸筋
（M.extensor pollicis brevis）
長母指伸筋
（M.extensor pollicis longus）など

4）股関節の運動

・脚を前方に上げる運動

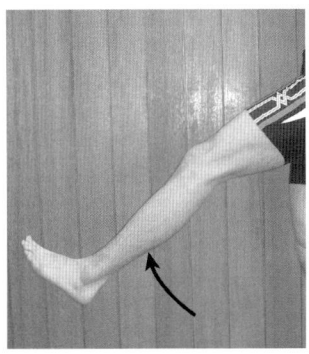

〈筋の名称〉
腸腰筋
（M.iliopsoas）
大腿直筋
（M.rectus femoris）

・脚を後方に上げる運動

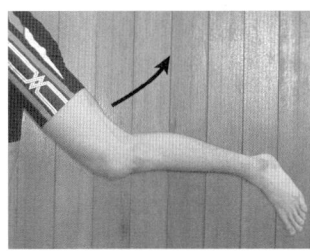

〈筋の名称〉
大殿筋
（M.gluteus maximus）
半腱様筋
（M.semitendinosus）
半膜様筋
（M.semimembranosus）
大腿二頭筋（長頭）
（M.biceps femoris）

・脚を外側に開く運動

〈筋の名称〉
中殿筋
（M.gluteus medius）

・脚を側方に上げた位置から内側に下ろす運動

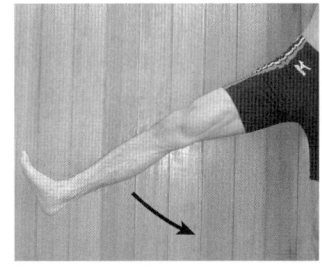

〈筋の名称〉
大内転筋
（M.adductor magnus）
短内転筋
（M.adductor brevis）
長内転筋
（M.adductor longus）
恥骨筋
（M.pectineus）
薄　筋
（M.gracilis）

・脚を外側にひねる運動

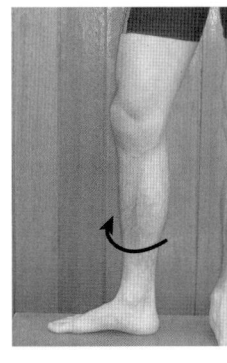

〈筋の名称〉
外閉鎖筋
（M.obturatorius externus）
内閉鎖筋
（M.obturatorius internus）
大腿方形筋
（M.quadratus femoris）
梨状筋
（M.piriformis）
上双子筋
（M.gemellus superior）
下双子筋
（M.gemellus inferior）
大殿筋
（M.gluteus maximus）

・脚を内側にひねる運動

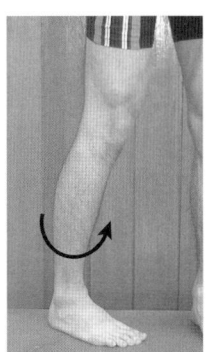

〈筋の名称〉
小殿筋
（M.gluteus minimus）
大腿筋膜張筋
（M.tensor fasciae latae）

5）膝関節の運動

・膝を曲げる運動

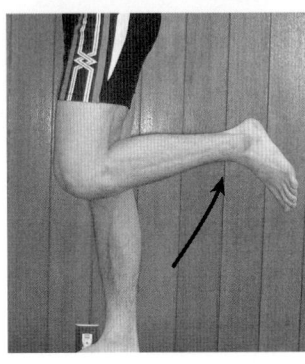

〈筋の名称〉
大腿二頭筋
（M.biceps femoris）
半腱様筋
（M.semitendinosus）
半膜様筋
（M.semimembranosus）
腓腹筋
（M.gastrochemius）

・膝を伸ばす運動

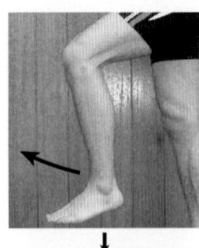
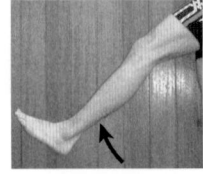

〈筋の名称〉
大腿四頭筋
（M.quadriceps femoris）

6）足関節の運動

・足首を曲げる運動

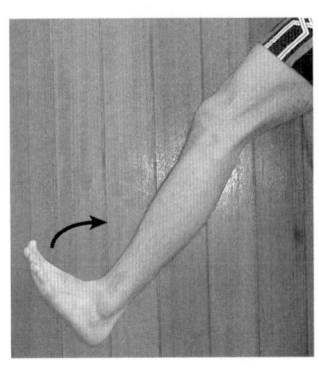

〈筋の名称〉
前脛骨筋
（M.tibialis anterior）
第三腓骨筋
（M.peroneus tertius）

・足首を伸ばす運動

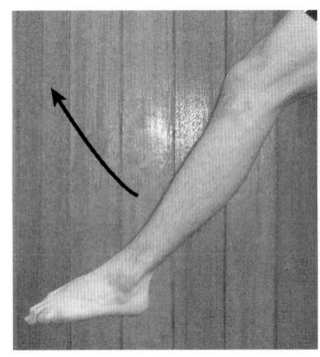

〈筋の名称〉
腓腹筋
（M.gastrocnemius）
ヒラメ筋
（M.soleus）

7）足の指の運動

・足の指を曲げる運動

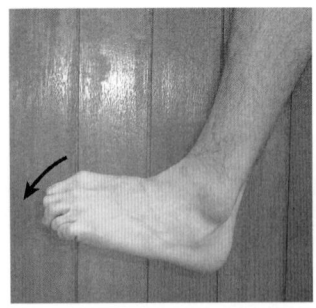

〈筋の名称〉
虫様筋
（Mm.lumbricales）
短母指屈筋
（M.flexor hallucis brevis）
長指屈筋
（M.flexor digitorum longus）
短指屈筋
（M.flexor digitorum brevis）
長母指屈筋
（M.flexor hallucis longus）

・足の指を曲げた位置から伸ばす運動

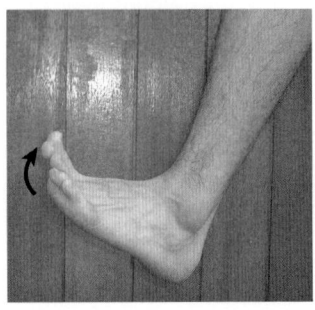

〈筋の名称〉
長指屈筋
（M.flexor digitorum longus）
短指屈筋
（M.flexor digitorum brevis）
長母指屈筋
（M.flexor hallucis longus）

8）首の運動

・首を前方に曲げる運動

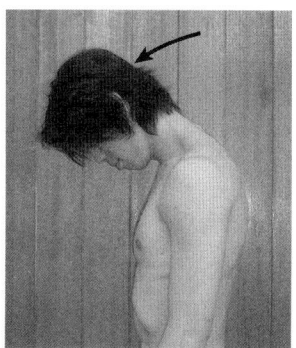

〈筋の名称〉
胸鎖乳突筋
(M.sternocleidom-astoideus)

・首を後方に曲げる運動

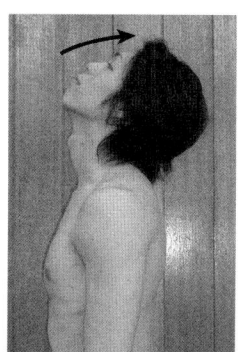

〈筋の名称〉
僧帽筋上部
(M.trapezius)
頭半棘筋
(M.semispinalis capitis)
頚半棘筋
(M.semispinalis cervicis)
頭板状筋
(M.splenius capitis)
頚板状筋
(M.splenius cervicis)
頭最長筋
(M.longissimus capitis)
頚最長筋
(M.longissimus cervicis)
頭棘筋
(M.spinalis capitis)
頚棘筋
(M.spinalis cervicis)

9）体幹の運動

・上体を前方に曲げる運動

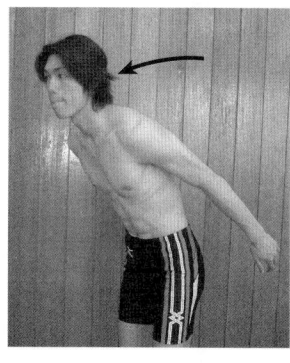

〈筋の名称〉
腹直筋
(M.rectus abdominis)

・上体を後方にそらせる運動

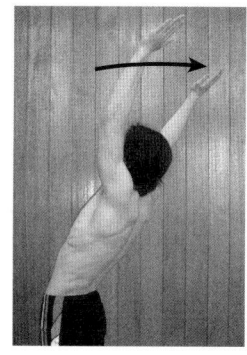

〈筋の名称〉
脊柱起立筋
(M.erector spinae)
腰方形筋
(M.quadratus lumborum)

・上体をひねる運動

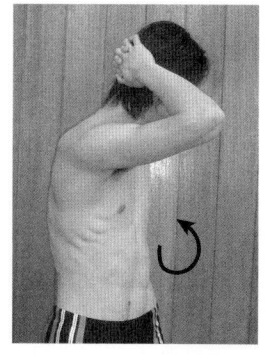

〈筋の名称〉
外腹斜筋
(M.obliquus externus abdominis)
内腹斜筋
(M.obliquus internus abdominis)

第Ⅱ章
ウェイトトレーニングの実践

 4. ウェイトトレーニングに必要な器具とその扱い方
 5. 上肢の筋
 6. 上肢帯の筋
 7. 体幹の筋
 8. 下肢帯の筋と下肢の筋
 9. 全身の筋
10. ノンウェイト

　ウェイトトレーニングには，必要最低限の器具や用具が必要である．ここでは，フリーウェイトの運動で使う必要最低限の器具を紹介した．中には安全上あったほうがよい器具や道具も少し紹介している．

　比較的長期間ウェイトトレーニングを行なうためには，器具の扱い方を熟知する必要がある．間違った方法でトレーニングを続けていると，突発的な事故にあったり，指導者や本人の気がつかないうちにスポーツ障害にあう可能性が高い．トレーニング初期には比較的軽い重量物を用いフォームの形成に努め，トレーニング中期から動きが慣れてくるにしたがって重量を増やす必要がある．ここでは，グリップの握り方，正しい構えなどの基本的な姿勢について紹介した．

　実践するウェイトトレーニング種目は，上肢，上肢帯，体幹，下肢帯・下肢を中心に，全身の筋力トレーニングを紹介している．同時に，上段の写真の箇所に主に使われる筋の名称を，Key Point にトレーニング方法，動きのポイントを，さらに頁下段に発揮されている筋の活動電位なども，簡単ではあるが掲載しているので参考にしてほしい．自分の体重やボール，チューブなどを用いたノンウェイトトレーニングも少しではあるが紹介している．

　これらの種目はあくまでも基本的なものであるので，読者の方々には鍛えようとする筋や目的とする動きに応じたトレーニングを選び，オリジナルな動きを試すことを推奨する．

4. ウェイトトレーニングに必要な器具とその扱い方

1）主な器具の種類

主な器具は，写真に示すとおりである．これらのものは代表的なものであるが，個人の能力に応じて重量を調節できるようにすることが望ましい．

①バーベル：長さは1.8〜2.0m，重さは10〜20kgが好ましい．また，長さ1.3m前後のセットバーベル（10〜45kg）のものを使用してもよい．
②シャフト：写真のように，バーベルに曲線をもたせ，種目に応じて使用しやすくしているものもある．
③プレート：種類は0.25〜50kgまでさまざまである．
④ベルト：ウェイトトレーニングは重いものを使用することもあり，腰部を保護するために使用するほうがよい．
⑤パット：バックスクワットなど肩に担ぐ際，肩部を保護するために使用する．
⑥留め具：種類は1.25kgと2.5kgがあり，個人に合わせて使用する．
⑦ダンベル：種類は1〜20kgとさまざまである．このセットダンベルは取り替えができないが，種類も多くあるので，個人に合わせた重量を使用する．なお，組み合わせダンベルには50kgまでセットを組めるものもある．
⑧その他：下記にあげる器具・用具はあると便利である．
スパインベンチ，インクラインベンチ，カールマシン，スクワットスタンド，鉄棒，シットアップボード，メディシングボール，体重計，鏡，マット

第Ⅱ章　4．ウェイトトレーニングに必要な器具とその扱い方　　13

2）バーベルの握り方

①オーバー・グリップ（over grip）

手のひらを体に向けてバーベルを握る形である．ほとんどの種目はこの握り方で行なわれている．(順手)

②アンダー・グリップ（under grip）

手の甲を体に向けてバーベルを握る形である．カールなどで比較的多く使われる握り方である．(逆手)

③フック・グリップ（hook grip）

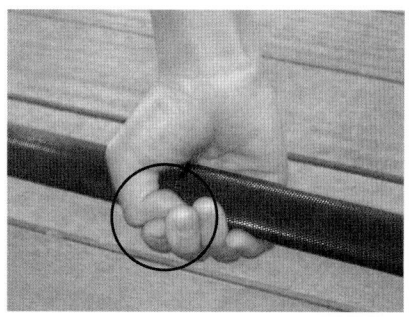

手のひらを体に向け，親指を他の指の内側に入れて（右写真中○）バーベルを握る形である．この握り方は，手がかぎ型になり重い重量を引き上げることができる特徴があり，ウェイトリフターが多く行なっている方法である．

④サムレス・グリップ(thumbless grip)

 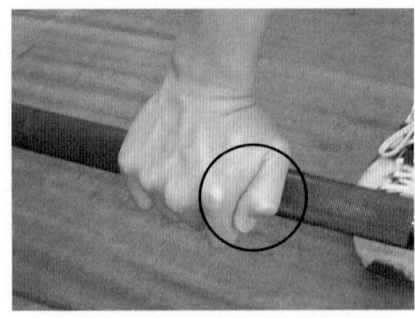

手のひらを体に向け，親指をバーの外側に出して（写真中○）バーベルを握る形である．手や肘の関節の屈曲や伸展が楽に行なえる特徴があり，フレンチプレス，プルオーバーなどの種目で使われている．

⑤リバース・グリップ(reverse grip)

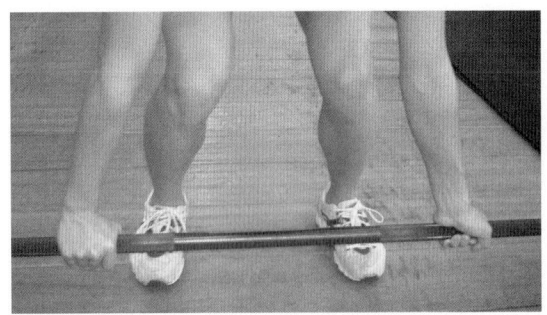 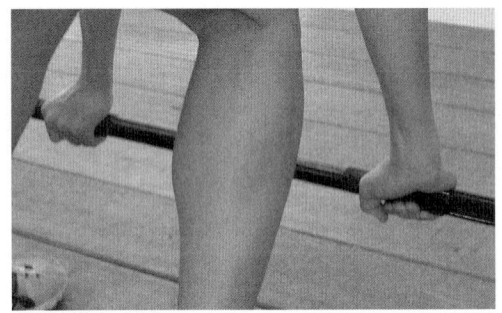

手のひらの一方を体に向けて握り，もう一方は手の甲を体に向けてバーベルを握る形である．クリーンやスナッチでバーベルが体から離れる人が矯正するために行なうことがある．また，重い重量を引くときにも使われ，デッドリフトなどの種目で使われる．

3）構え方と挙上姿勢
①バーを握る前の正しい構え方

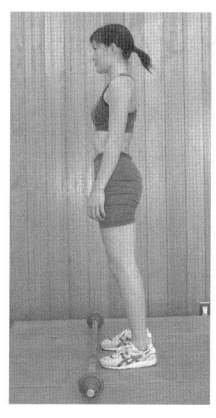

〈ポイント〉
・肩幅と同じくらいのスタンスで写真のようにバーベルに近づいて構える

②バーベルを引き上げるときの正しい姿勢

〈ポイント〉
・背筋をしっかり伸ばす
・肩の位置はバーよりやや前方に置く
・足をバーベルに近づける
・肘を伸ばしてバーベルを握る
・足の裏全体を床につける（爪先立ちにならない）

〈注意〉
・肘を曲げたり、余分な力を入れないようにする
・背筋を曲げ、かかとを床から浮かさないようにする
・腰の位置が高すぎないようにする

③腰の位置でバーベルを保持したときの正しい姿勢（デッド・リフトなどの種目でバーベルを引き上げたときの姿勢）

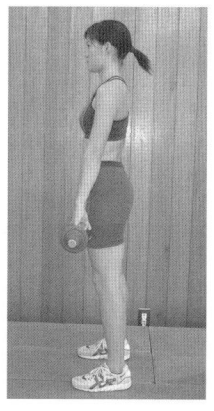

〈ポイント〉
・背筋をしっかり伸ばす
・肘をしっかり伸ばす
・視線を水平に保つ

④肩の後ろでバーベルを保持したときの姿勢（バックプレスやスクワットなどの種目で構える姿勢）

正しい姿勢

〈ポイント〉
・背筋をしっかり伸ばす
・視線は水平よりやや上にする
・胸を少しはる

悪い姿勢

〈注意〉
・腰背部を曲げたり，視線を下にするとバランスをくずし，腰や背中を痛める原因になる

⑤肩の上にバーベルを保持したときの姿勢（プレスなどの種目で構える姿勢）

正しい姿勢

〈ポイント〉
・背筋をしっかり伸ばす
・視線は水平よりやや上にする
・脇を少し閉じる
・バーベルを鎖骨の上にのせる

悪い姿勢

〈注意〉
・腰背部を曲げたり，反らしたりすると前後にバランスをくずし，腰や背中を痛める原因になる

⑥首の後ろにバーベルを保持したときの姿勢（フルスクワットなどの種目で構える姿勢）

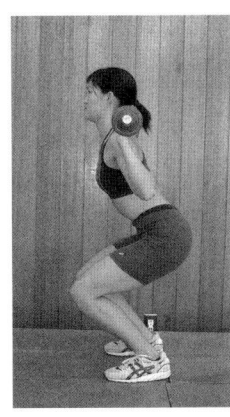

正しい姿勢
〈ポイント〉
・背筋をしっかり伸ばす
・視線は水平よりやや上にする
・股関節，膝関節，足関節（足首）を十分に曲げて低い姿勢をとる
・バーベルをしっかり握る

悪い姿勢
〈注意〉
・腰背部を曲げるとバランスをくずす原因となる．また，頚部や腰背部を傷める原因になる

5. 上肢の筋

1) リスト・カール

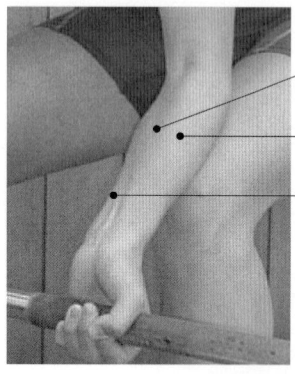

- 長掌筋
- 橈側手根屈筋
- 尺側手根屈筋

🔑 Key Point

姿 勢
- 椅子の端に背すじを伸ばして座り，やや前傾する
- 前腕を大腿部に置き，手が膝からでるように位置する

動 作
① 手首を伸展させ，バーベルをアンダー・グリップで軽く握る
② 指，手首の順に屈曲させる

ポイント
- 肘を動かさない
- 反動を使わない
- 屈曲した後はゆっくり元の位置に戻す

[筋電図]

尺側手根屈筋

橈側手根屈筋

長掌筋

上腕二頭筋

上腕三頭筋

長・短橈側手根伸筋

尺側手根伸筋

円回内筋

方形回内筋

1mV
1sec

2）リスト・エクステンション

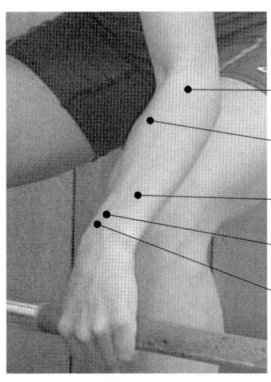

- 長橈側手根伸筋
- 短橈側手根伸筋
- 尺側手根伸筋
- 短橈側手根伸筋
- 長橈側手根伸筋

Key Point

姿勢
・ベンチの端に背すじを伸ばして座り，やや前傾する
・前腕を大腿部に置き，手が膝からでるように位置する

動作
①バーベルをオーバー・グリップで握り，手首を床に向かって屈曲させる
②手首を伸展させ，バーベルを持ち上げる

ポイント
・肘を動かさない
・反動を使わない
・伸展した後はゆっくり元の位置に戻す

［筋電図］

尺側手根屈筋	上腕二頭筋	尺側手根伸筋
橈側手根屈筋	上腕三頭筋	円回内筋
長掌筋	長・短橈側手根伸筋	方形回内筋

1mV
1sec

3）リスト・ラディアル・フレクション

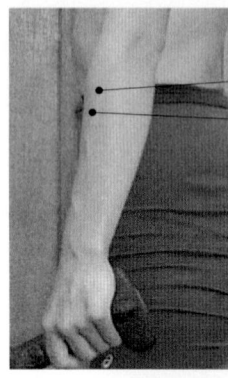

- 長橈側手根伸筋
- 短橈側手根伸筋

 **Key Point**

姿 勢
- 立位で脚を肩幅に開き，背すじを伸ばす
- 肘を伸ばし，上腕は床に垂直に保持する

動 作
① 手は中間位でダンベルの下方をオーバー・グリップで握る
② 手首を橈屈させダンベルを持ち上げる

ポイント
- 上腕，前腕は動かないように保持する
- 反動を使わない
- 屈曲した後はゆっくり元の位置に戻す

[筋電図]

尺側手根屈筋	上腕二頭筋	尺側手根伸筋
橈側手根屈筋	上腕三頭筋	円回内筋
長掌筋	長・短橈側手根伸筋	方形回内筋

1mV
1sec

4）リスト・ウルナ・フレクション

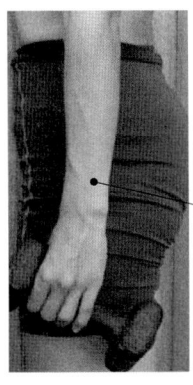

尺側手根伸筋

Key Point

姿　勢
・立位で脚を肩幅に開き，背すじを伸ばす
・肘を伸ばし，上腕は床に垂直に保持する

動　作
①手は中間位でダンベルの上方をオーバー・グリップで握る
②手首を尺屈させダンベルを持ち上げる

ポイント
・上腕，前腕は動かないように保持する
・反動を使わない
・屈曲した後はゆっくり元の位置に戻す

［筋電図］

尺側手根屈筋	上腕二頭筋	尺側手根伸筋
橈側手根屈筋	上腕三頭筋	円回内筋
長掌筋	長・短橈側手根伸筋	方形回内筋

1mV
1sec

5）リスト・プロネーション

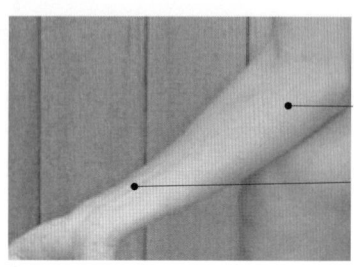

- 円回内筋
- 方形回内筋

> **Key Point**
>
> **姿　勢**
> ・立位で脚を肩幅に開き，背すじを伸ばす
> ・肘を直角に曲げ，上腕は床に垂直に保持する
>
> **動　作**
> ①手は回外位でダンベルの下方をオーバー・グリップで握る
> ②前腕を中間位まで回内させる
>
> **ポイント**
> ・上腕は動かさない
> ・反動を使わない
> ・回内した後はゆっくり元の位置に戻す

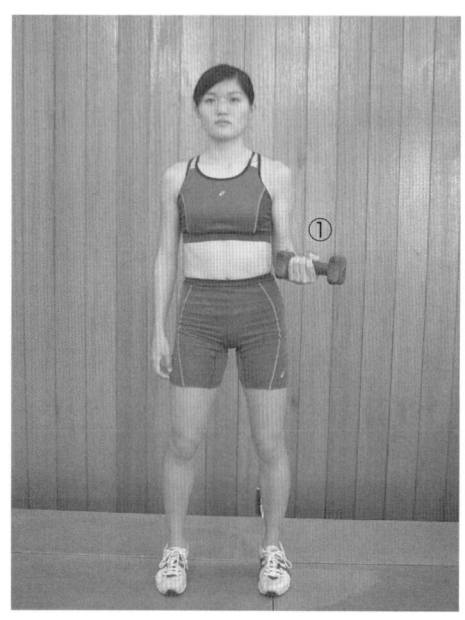

[**筋電図**]

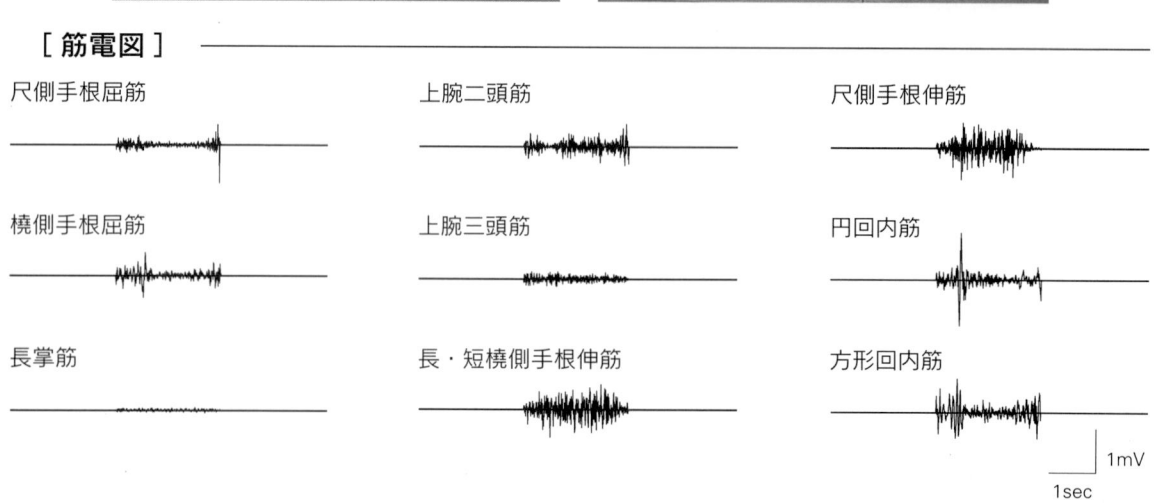

尺側手根屈筋　　　上腕二頭筋　　　尺側手根伸筋

橈側手根屈筋　　　上腕三頭筋　　　円回内筋

長掌筋　　　長・短橈側手根伸筋　　　方形回内筋

1mV
1sec

6) リスト・スピネーション

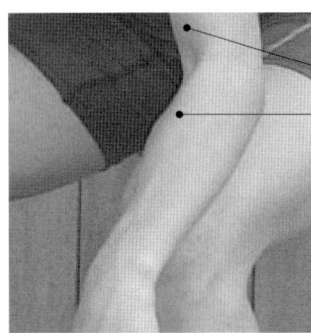

上腕二頭筋
回外筋

> **Key Point**
>
> **姿 勢**
> ・立位で脚を肩幅に開き，背すじを伸ばす
> ・肘を直角に曲げ，上腕は床に垂直に保持する
>
> **動 作**
> ①手は回内位でダンベルの下方をオーバー・グリップで握る
> ②前腕を中間位まで回外させる
>
> **ポイント**
> ・上腕は動かさない
> ・反動を使わない
> ・回外した後はゆっくり元の位置に戻す

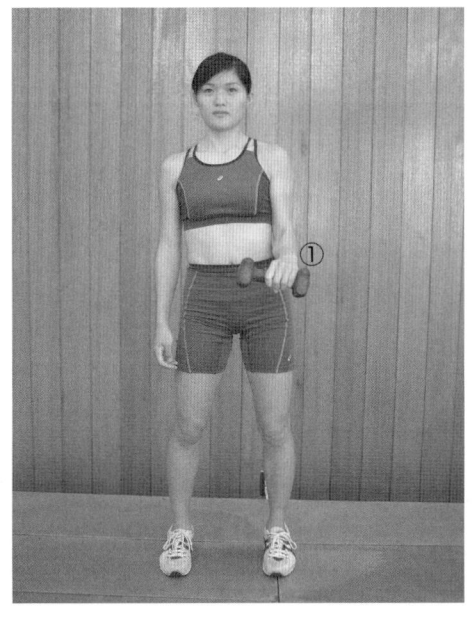

[筋電図]

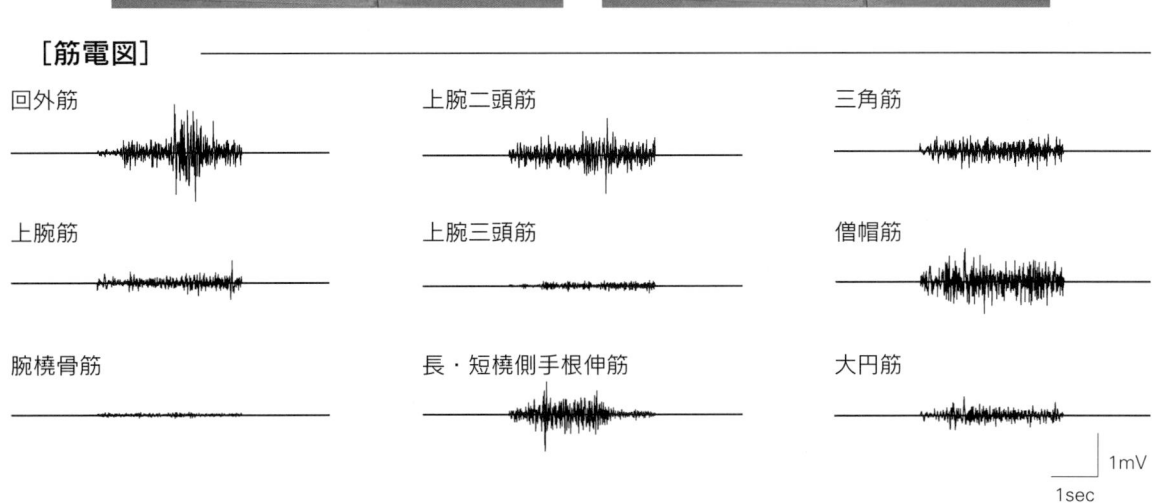

回外筋　　　　　　　　上腕二頭筋　　　　　　　三角筋

上腕筋　　　　　　　　上腕三頭筋　　　　　　　僧帽筋

腕橈骨筋　　　　　　　長・短橈側手根伸筋　　　大円筋

1mV
1sec

7）バイセプス・カール

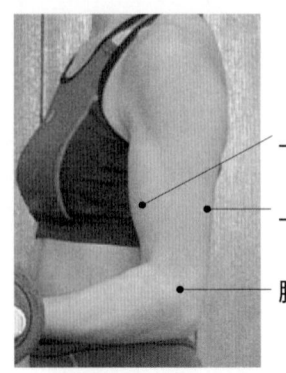

- 上腕二頭筋
- 上腕筋
- 腕橈骨筋

 **Key Point**

姿　勢
・立位で脚を肩幅に開き，背すじを伸ばす
・肘を伸ばし，上腕は床に垂直に保持する

動　作
①バーベルはアンダー・グリップで握り，大腿部前面に位置させる
②前胸部にシャフトがくるまで肘を屈曲する

ポイント
・姿勢を維持し，上腕を動かさない
・上体の反動を使わない
・屈曲後，ゆっくり元の位置まで戻す

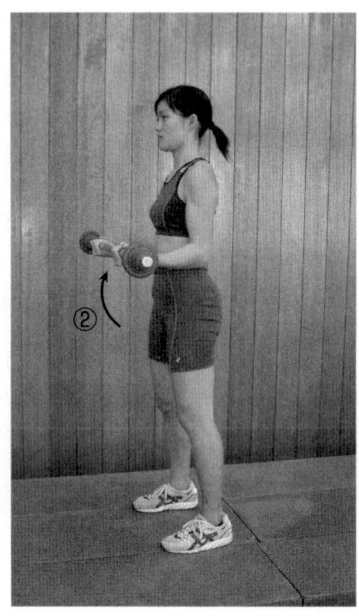
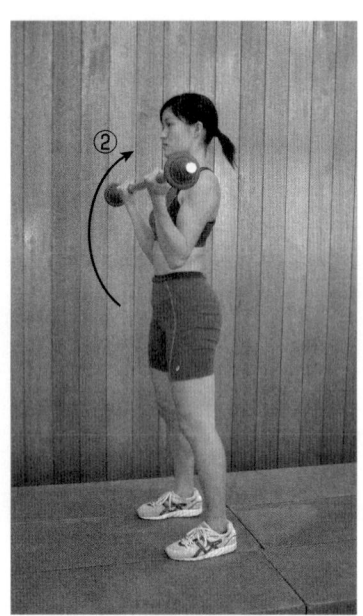

[筋電図]

回外筋	上腕二頭筋	三角筋
上腕筋	上腕三頭筋	僧帽筋
腕橈骨筋	長・短橈側手根伸筋	大円筋

1mV
1sec

第Ⅱ章　5．上肢の筋　25

8）コンセントレーション・カール

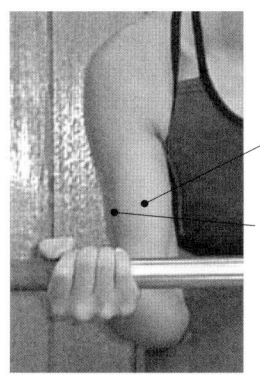

上腕二頭筋
上腕筋

 Key Point

姿　勢
・背すじを伸ばし，上体を前傾させる
・肘を台につけ固定する

動　作
①バーベルはアンダー・グリップで握り，台上に位置させる
②前胸部にシャフトがくるまで肘を屈曲する

ポイント
・姿勢を維持し，肘を動かさない
・上体の反動を使わない
・屈曲後，ゆっくり元の位置まで戻す

［筋電図］

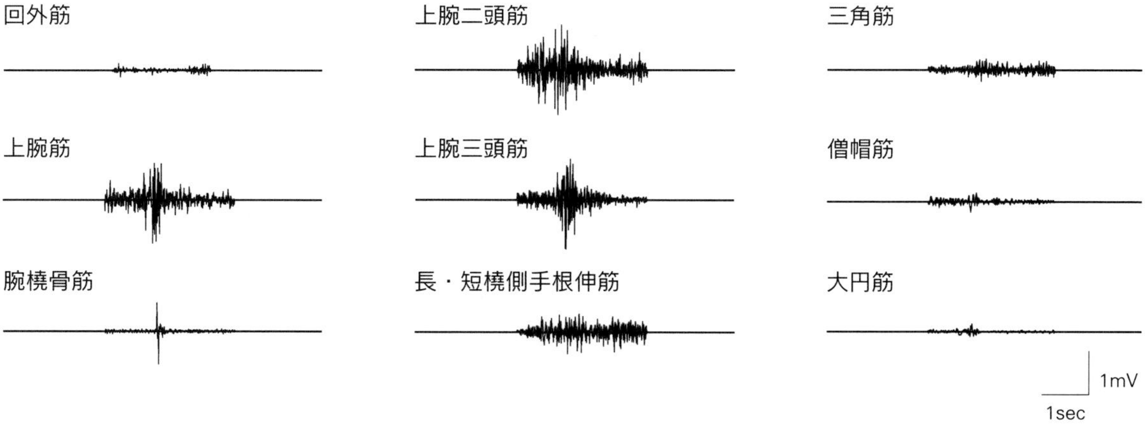

回外筋　　　　　　　　　上腕二頭筋　　　　　　　三角筋

上腕筋　　　　　　　　　上腕三頭筋　　　　　　　僧帽筋

腕橈骨筋　　　　　　　　長・短橈側手根伸筋　　　大円筋

1mV
1sec

9）ハンマー・カール

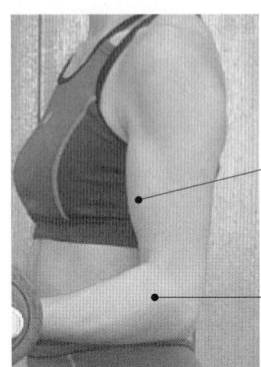

上腕二頭筋

長・短橈側手根伸筋

> **Key Point**
>
> **姿勢**
> ・立位で脚を肩幅に開き，背すじを伸ばす
> ・肘を伸ばし，上腕は床に垂直に保持する
>
> **動作**
> ①ダンベルはオーバー・グリップで握り，大腿部側面に中間位で位置させる
> ②ダンベルが肩にくるまで肘を屈曲する
>
> **ポイント**
> ・姿勢を維持し，肘を動かさない
> ・上体の反動を使わない
> ・屈曲後，ゆっくり元の位置まで戻す

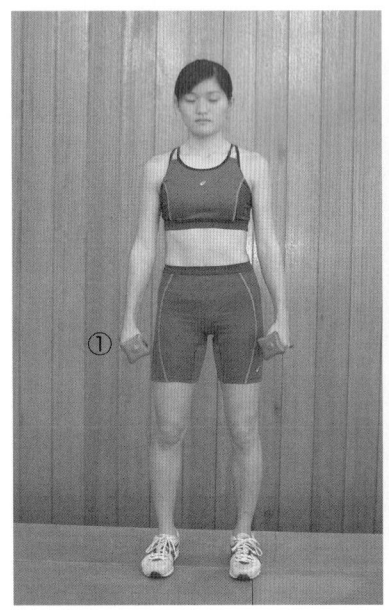
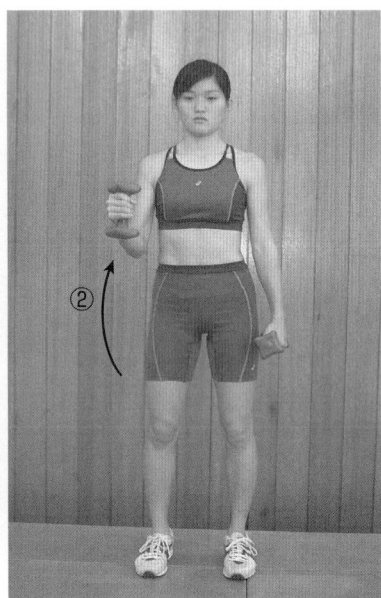
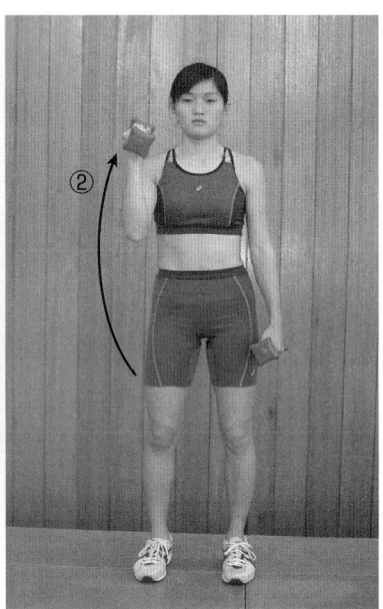

[筋電図]

回外筋

上腕二頭筋

三角筋

上腕筋

上腕三頭筋

僧帽筋

腕橈骨筋

長・短橈側手根伸筋

大円筋

1mV
1sec

10）ライイング・トライセプス・エクステンション

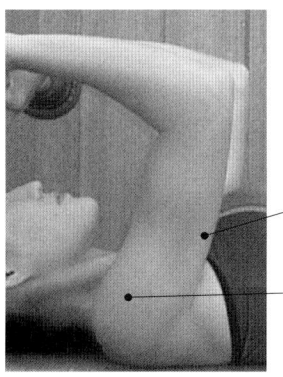

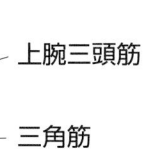

Key Point

姿 勢
・ベンチに仰向けになり足をベンチに乗せる
・上腕を垂直に上方へ伸ばし，常に平行を維持する
・肘は手が頭方向にくるように曲げる

動 作
①バーベルはオーバー・グリップで握る
②肘が完全伸展するまで伸ばす

ポイント
・手首は固定し，上腕も動かさない
・背中を反らせたり，腰を浮かせたりしない
・伸展した後はゆっくり元の位置に戻す

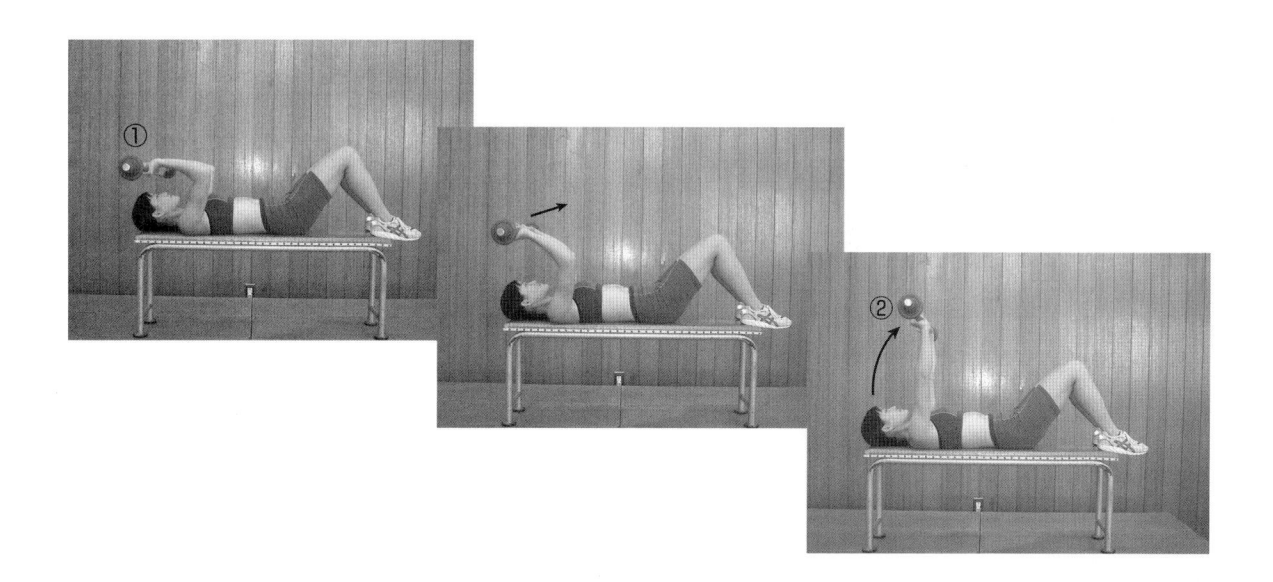

上腕三頭筋
三角筋

［筋電図］

回外筋　　　　　　　　　上腕二頭筋　　　　　　　　三角筋

上腕筋　　　　　　　　　上腕三頭筋　　　　　　　　僧帽筋

腕橈骨筋　　　　　　　　長・短橈側手根伸筋　　　　大円筋

1mV
1sec

11) シーテッド・トライセプス・エクステンション

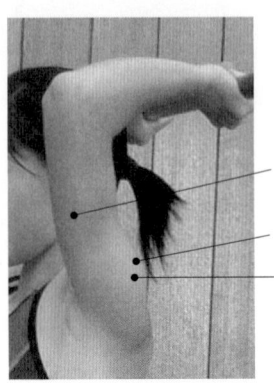

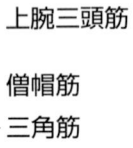

上腕三頭筋
僧帽筋
三角筋

Key Point

姿 勢
・ベンチの端に腰掛け，背すじを伸ばす
・上腕を垂直に上方へ伸ばし，常に平行を維持する

動 作
①バーベルはオーバー・グリップで握り，肘を曲げ後頭部に位置させる
②バーベルが頭上にきたとき，肘が完全に伸展するまで伸ばす

ポイント
・手首は固定し，上腕も動かさない
・上体の反動を使わない
・伸展した後はゆっくり元の位置に戻す

[筋電図]

回外筋	上腕二頭筋	三角筋
上腕筋	上腕三頭筋	僧帽筋
腕橈骨筋	長・短橈側手根伸筋	大円筋

1mV
1sec

12）ダンベル・バックキック

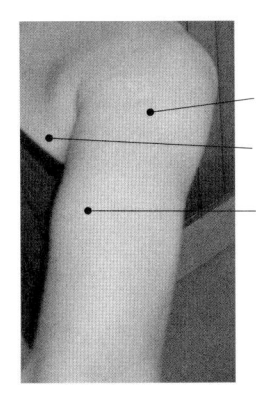

三角筋
大円筋
上腕三頭筋

🔑 Key Point

姿 勢
・立位姿勢で背すじを伸ばし，上体を前傾させ，片方の手をベンチに置く
・上腕は体側に添って保持し，肘は垂直に下ろす

動 作
①ダンベルをオーバー・グリップで握り，手は中間位にする
②肘が完全伸展するまで伸ばす

ポイント
・手首は固定し，上腕も動かさない
・上体の反動を使わない
・伸展した後はゆっくり元の位置に戻す

[筋電図]

回外筋	上腕二頭筋	三角筋
上腕筋	上腕三頭筋	僧帽筋
腕橈骨筋	長・短橈側手根伸筋	大円筋

1mV
1sec

6. 上肢帯の筋

1）ベント・アーム・プルオーバー

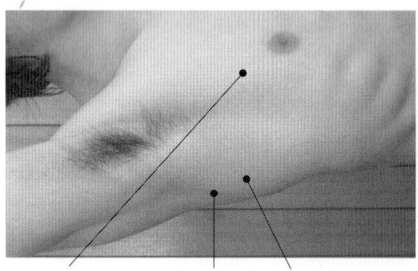

大胸筋　大円筋　広背筋

🔑 Key Point

姿　勢
・ベンチに仰向けになり足を乗せ，両腕を頭上へ上げる
・肘を曲げ，両上腕は平行になるように保持する

動　作
①バーベルはオーバー・グリップで握る
②上腕を体側方向へバーベルが直上まで屈曲させる

ポイント
・手首と肘は固定し，動かさない
・背中を反らせたり，腰を浮かせたりしない
・屈曲した後はゆっくり元の位置に戻す

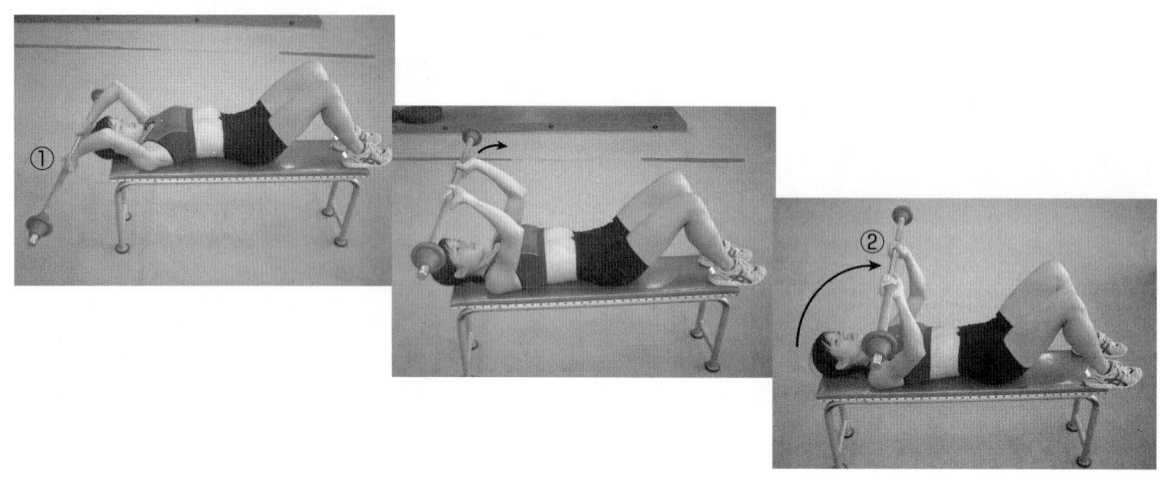

[筋電図]

大胸筋	上腕二頭筋	三角筋
広背筋	上腕三頭筋	僧帽筋
肩甲挙筋	菱形筋	大円筋

1mV
1sec

2）ストレート・アーム・プルオーバー

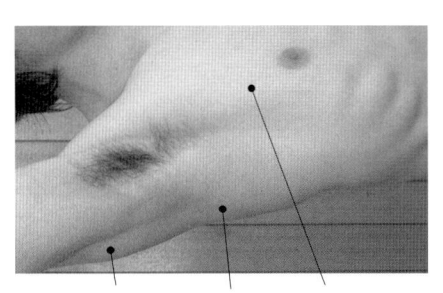

上腕三頭筋　大円筋　大胸筋

Key Point

姿　勢
・ベンチに仰向けになり足を乗せ，両腕を頭上へ上げる
・肘は伸ばし，両上腕は平行になるように保持する

動　作
①バーベルはオーバー・グリップで握る
②上腕を体側方向へバーベルが直上まで屈曲させる

ポイント
・手首と肘は固定し，動かさない
・背中を反らせたり，腰を浮かせたりしない
・屈曲した後はゆっくり元の位置に戻す

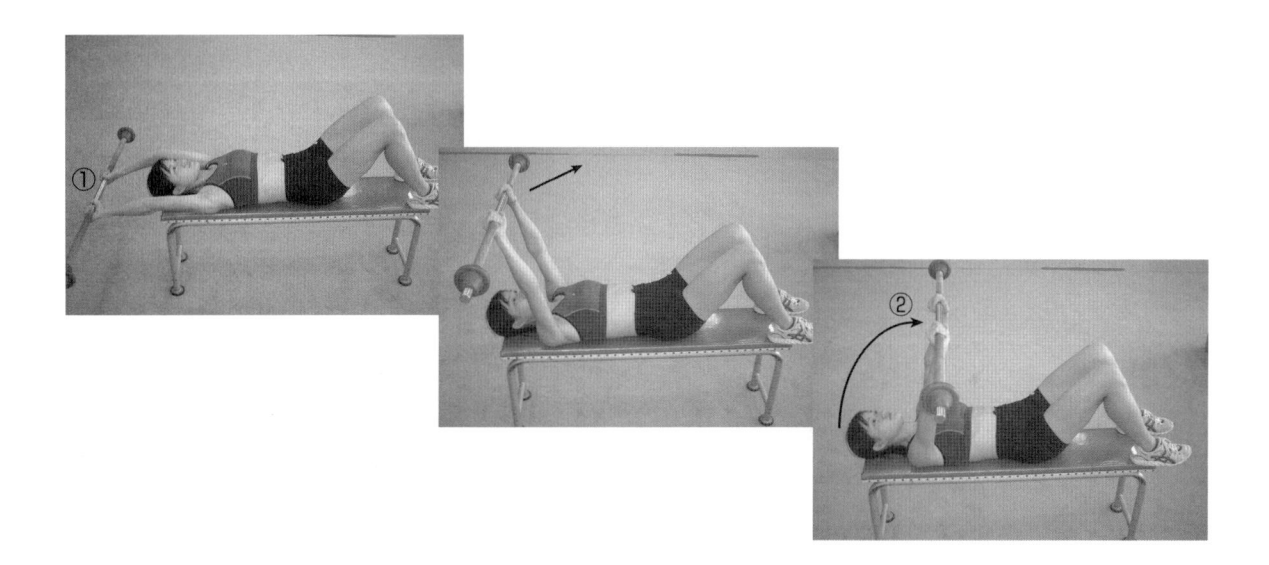

[筋電図]

大胸筋

上腕二頭筋

三角筋

広背筋

上腕三頭筋

僧帽筋

肩甲挙筋

菱形筋

大円筋

1mV
1sec

3）シーテッド・ショルダー・プレス

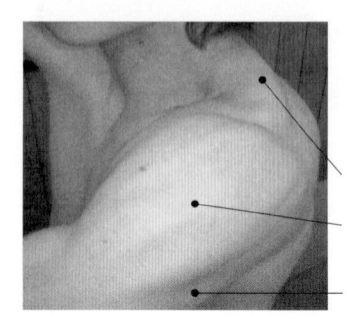

僧帽筋
三角筋
上腕三頭筋

> **Key Point**
>
> **姿　勢**
> ・ベンチの端に背すじを伸ばして座る
> ・肘を曲げバーベルを胸上部に保持する
>
> **動　作**
> ①バーベルはオーバー・グリップで握り，肩幅か広めにする
> ②肘が完全に伸展するまで，バーベルを頭上に押し上げる
>
> **ポイント**
> ・手首は固定し，肘の直上に位置させる
> ・顔の付近を通過するとき若干首を伸展させる
> ・伸展した後はゆっくり元の位置に戻す

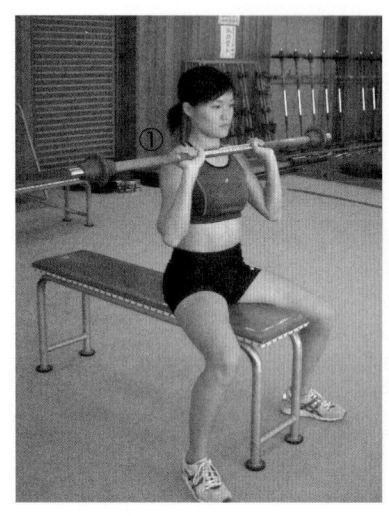

[筋電図]

大胸筋	上腕二頭筋	三角筋
広背筋	上腕三頭筋	僧帽筋
肩甲挙筋	菱形筋	大円筋

1mV
1sec

第Ⅱ章　6. 上肢帯の筋　33

4）フォワード・レイズ

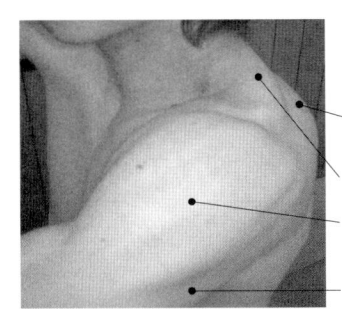

- 菱形筋
- 僧帽筋
- 三角筋
- 上腕三頭筋

> **Key Point**
>
> **姿　勢**
> ・立位で脚を肩幅に開き，背すじを伸ばす
> ・肘を伸ばし，上腕は床に垂直にする
>
> **動　作**
> ①バーベルはオーバー・グリップで握り，肩幅か広めにする
> ②腕が水平位になるまで持ち上げる
>
> **ポイント**
> ・上体を後方へ反らさないようにする
> ・反動を使わない
> ・伸展した後はゆっくり元の位置に戻す

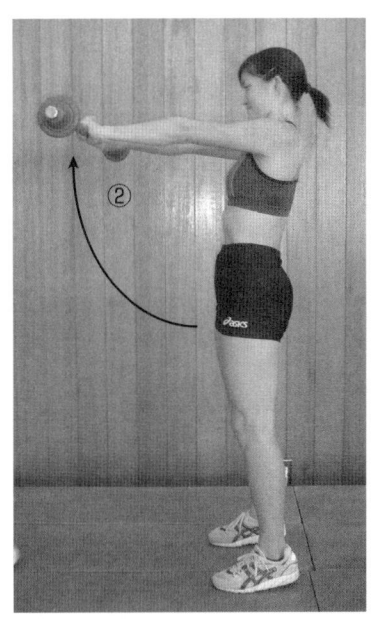

［筋電図］

- 大胸筋
- 上腕二頭筋
- 三角筋
- 広背筋
- 上腕三頭筋
- 僧帽筋
- 肩甲挙筋
- 菱形筋
- 大円筋

1mV
1sec

5) アップライト・ロウ

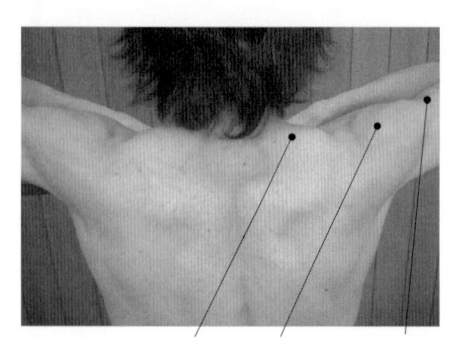

僧帽筋　三角筋　上腕二頭筋

Key Point

姿　勢
・立位で脚を肩幅に開き，背すじを伸ばす
・肘を伸ばし，大腿部前面にバーベルを保持する

動　作
① バーベルはオーバー・グリップで肩幅より狭く握る
② 腹部，胸部に沿って胸上部まで引き上げる

ポイント
・上体を後方へ反らせたり反動を使わない
・バーベルの最高位で，肘は手首よりも高くなる
・バーベルはゆっくり元の位置に戻す

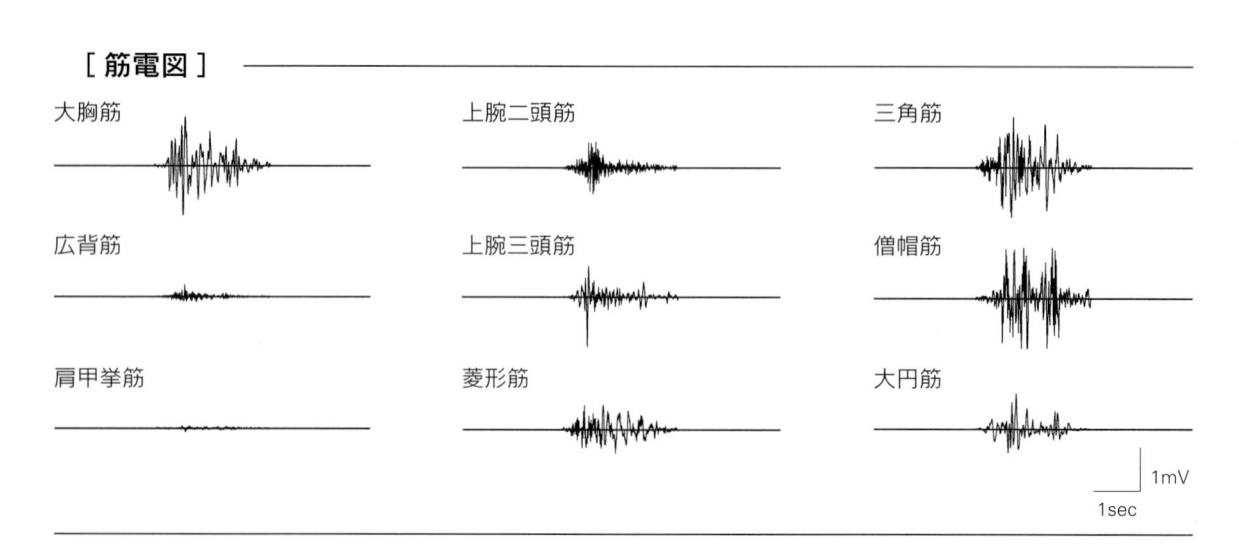

[筋電図]

大胸筋

上腕二頭筋

三角筋

広背筋

上腕三頭筋

僧帽筋

肩甲挙筋

菱形筋

大円筋

1mV
1sec

第Ⅱ章　6．上肢帯の筋　35

6）ラテラル・レイズ

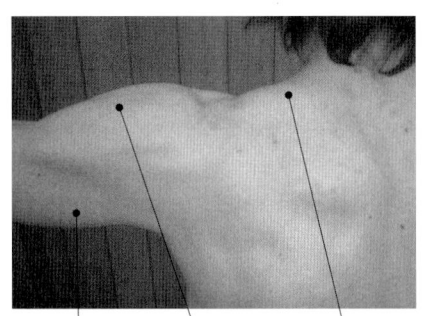

上腕三頭筋　三角筋　僧帽筋

Key Point

姿　勢
・立位で脚を肩幅に開き，背すじを伸ばす
・肘を伸ばし，手は中間位で大腿部側面に保持する

動　作
①ダンベルをオーバー・グリップで握る
②腕が水平になるように，肩の高さまで持ち上げる

ポイント
・上体を後方へ反らせたり反動を使わない
・肘を曲げない
・ダンベルをゆっくり元の位置に戻す

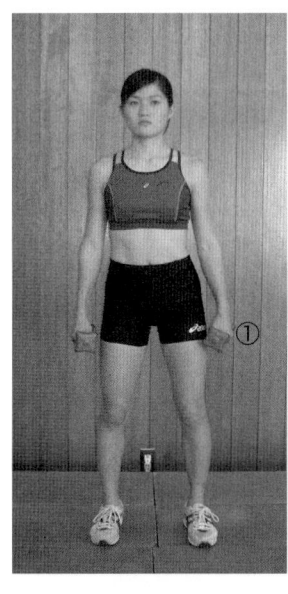

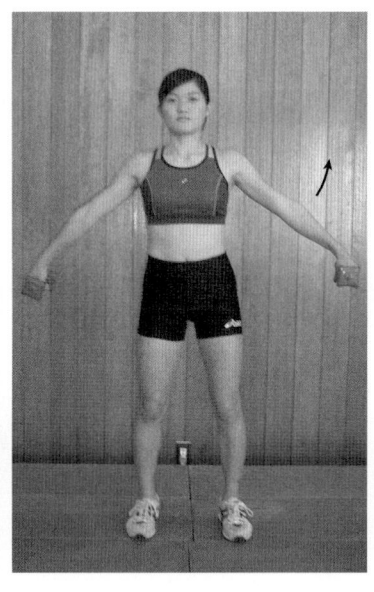

［筋電図］

大胸筋　　　　　　　上腕二頭筋　　　　　　三角筋

広背筋　　　　　　　上腕三頭筋　　　　　　僧帽筋

肩甲挙筋　　　　　　菱形筋　　　　　　　　大円筋

1mV
1sec

7）ショルダー・シュラッグ

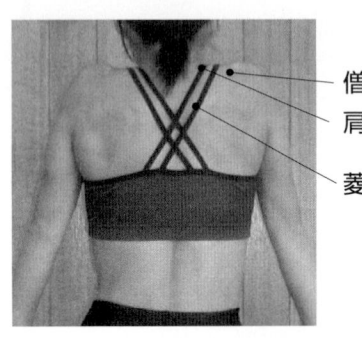

僧帽筋
肩甲挙筋
菱形筋

Key Point

姿 勢
・立位で脚を肩幅に開き，背すじを伸ばす
・肘を伸ばし，大腿部前面にバーベルを保持する

動 作
①バーベルはオーバー・グリップで肩幅より広く握る
②両肩を両耳に付けるように引き上げる

ポイント
・上体を後方へ反らせたり反動を使わない
・肘を曲げない
・ダンベルをゆっくり元の位置に戻す

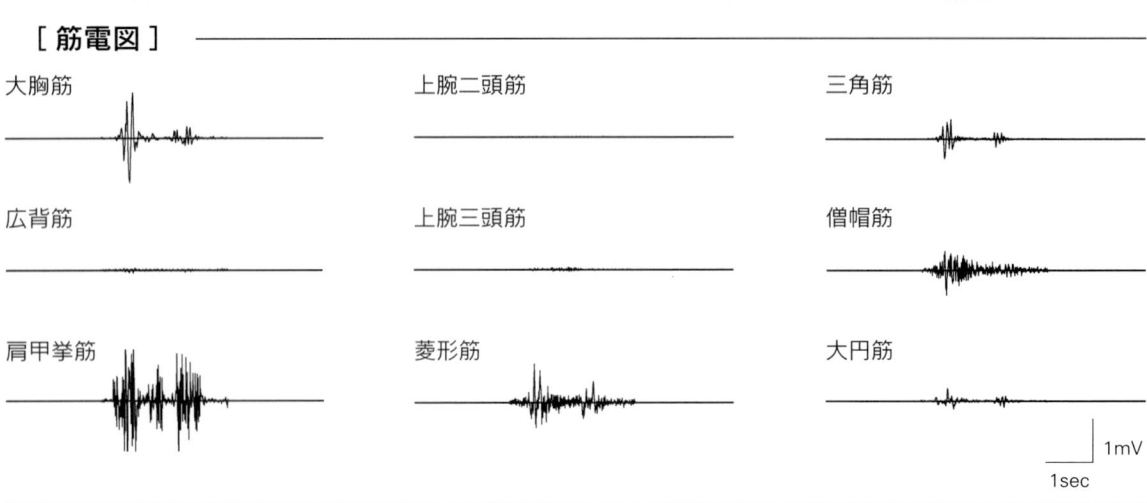

[筋電図]

大胸筋　　上腕二頭筋　　三角筋

広背筋　　上腕三頭筋　　僧帽筋

肩甲挙筋　　菱形筋　　大円筋

1mV
1sec

7. 体幹の筋

1) フラット・ベンチ・プレス

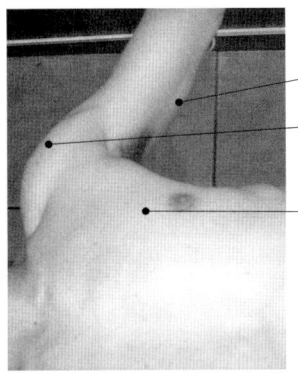

- 上腕三頭筋
- 三角筋
- 大胸筋

Key Point

姿 勢
- ベンチに仰向けになり頭部，背中，腰，足は常にベンチにつける
- バーベルは胸の乳首の位置まで下ろし，手首はまっすぐ固定し肘の上に位置する

動 作
① バーベルはオーバー・グリップで肩幅より広く握る
② 肘が完全に伸展するまでバーベルを押し上げる

ポイント
- 顎は引き，突き出さない
- 背中を反らせたり，腰を浮かせたりしない
- 押し上げた後はゆっくり元の位置に戻す

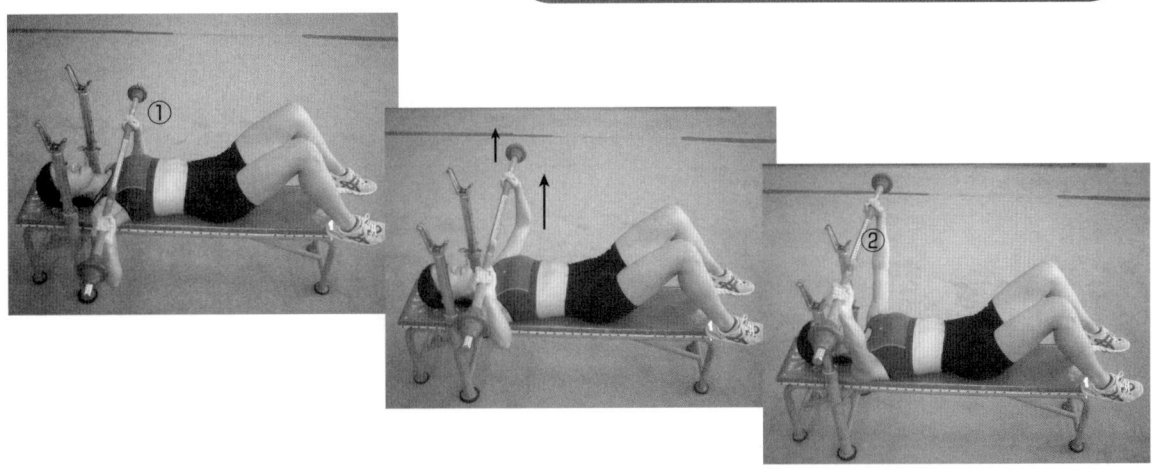

[筋電図]

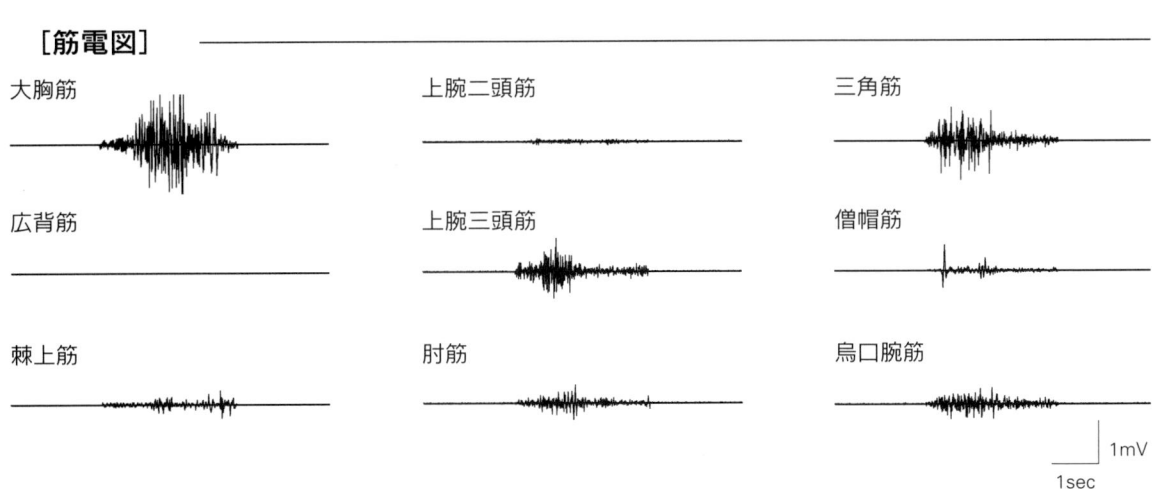

大胸筋	上腕二頭筋	三角筋
広背筋	上腕三頭筋	僧帽筋
棘上筋	肘筋	烏口腕筋

1mV
1sec

2）フラット・ベンチ・ダンベル・フライ

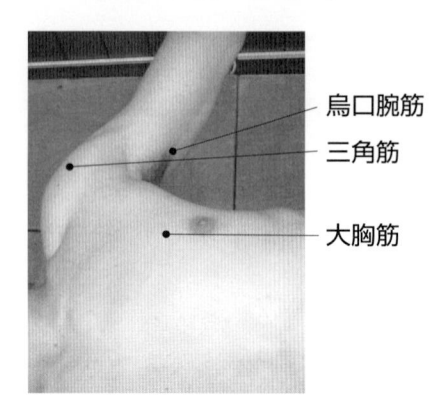

- 烏口腕筋
- 三角筋
- 大胸筋

Key Point

姿 勢
・ベンチに仰向けになり頭部，背中，腰，足は常にベンチにつける
・両方の腕を横に伸ばし床面に平行になるようにする

動 作
①ダンベルはオーバー・グリップで握る
②胸の上で両腕が平行になるように押し上げる

ポイント
・手首は固定し，肘は軽く曲げる
・大きな弧を描くように動作する
・背中を反らせたり，腰を浮かせたりしない
・押し上げた後はゆっくり元の位置に戻す

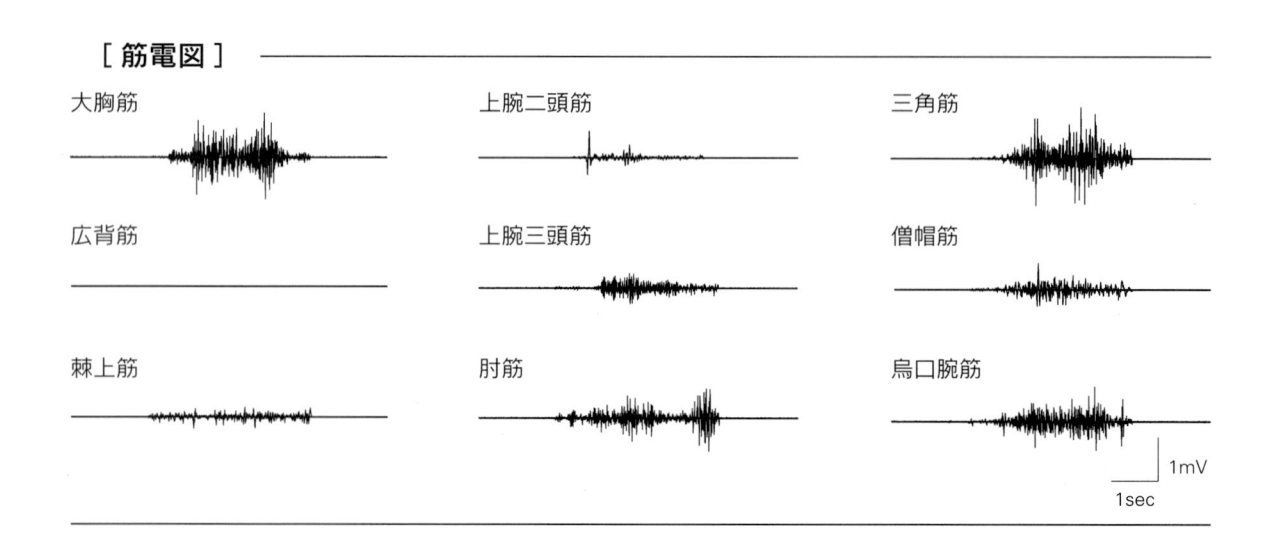

[筋電図]

大胸筋	上腕二頭筋	三角筋
広背筋	上腕三頭筋	僧帽筋
棘上筋	肘筋	烏口腕筋

1mV
1sec

3）インクライン・ベンチ・プレス

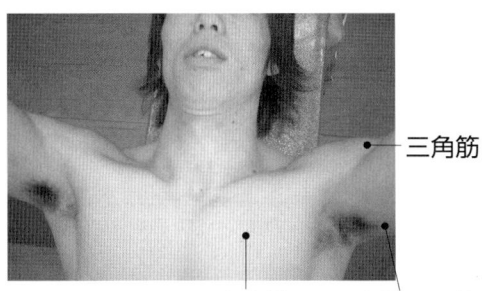

三角筋
大胸筋　　上腕三頭筋

Key Point

姿　勢
・ベンチに仰向けになり頭部，背中，腰，足は常にベンチにつける
・バーベルは胸の乳首の位置まで下ろし，手首はまっすぐ固定し肘の上に位置する

動　作
①バーベルはオーバー・グリップで肩幅より広く握る
②肘が完全に伸展するまでバーベルを押し上げる

ポイント
・顎は引き，突き出さない
・背中を反らせたり，腰を浮かせたりしない
・押し上げた後はゆっくり元の位置に戻す

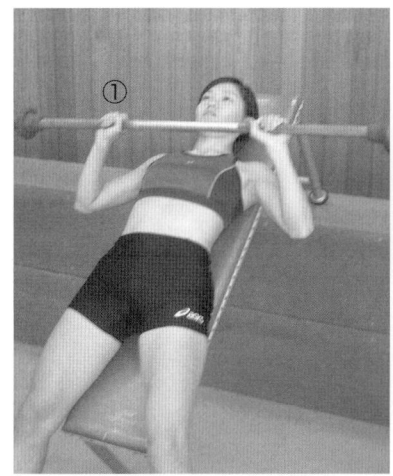

[筋電図]

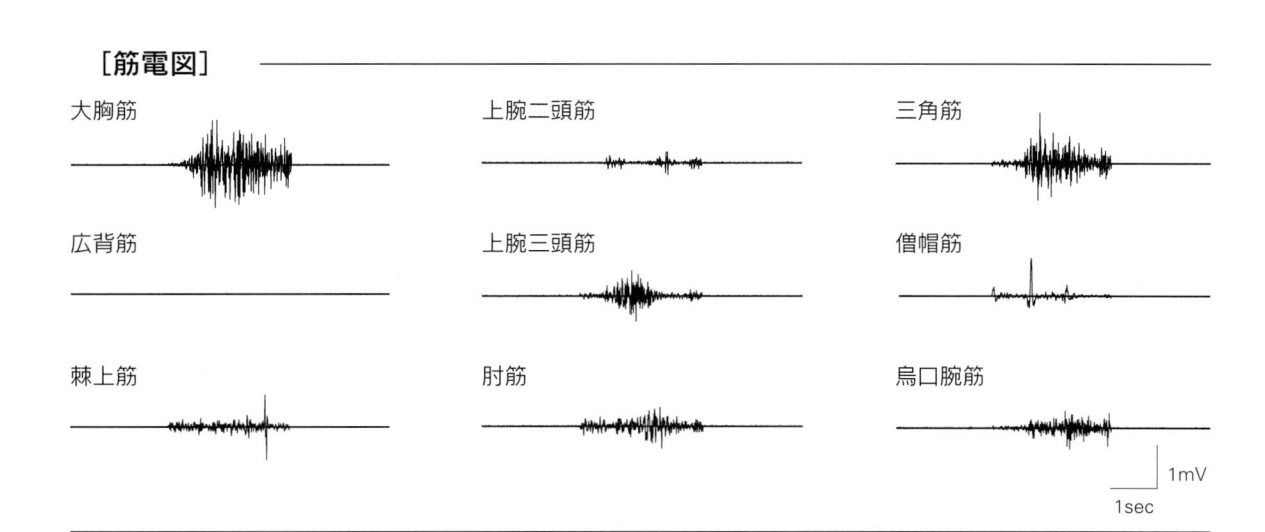

大胸筋　　　　　　　　上腕二頭筋　　　　　　　三角筋

広背筋　　　　　　　　上腕三頭筋　　　　　　　僧帽筋

棘上筋　　　　　　　　肘筋　　　　　　　　　　烏口腕筋

1mV
1sec

4）ディクライン・ベンチ・プレス

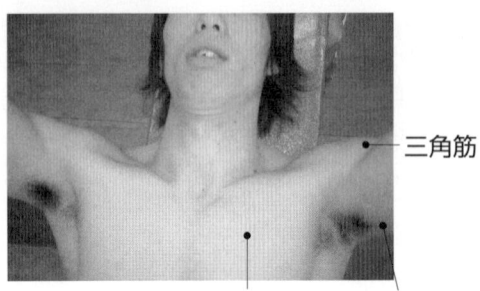

三角筋
大胸筋　**上腕三頭筋**

Key Point

姿　勢
・ベンチに仰向けになり頭部，背中，腰，足は常にベンチにつける
・バーベルは胸の乳首の位置まで下ろし，手首はまっすぐ固定し肘の上に位置する

動　作
①バーベルはオーバー・グリップで肩幅より広く握る
②肘が完全に伸展するまでバーベルを押し上げる

ポイント
・顎は引き，突き出さない
・背中を反らせたり，腰を浮かせたりしない
・押し上げた後はゆっくり元の位置に戻す

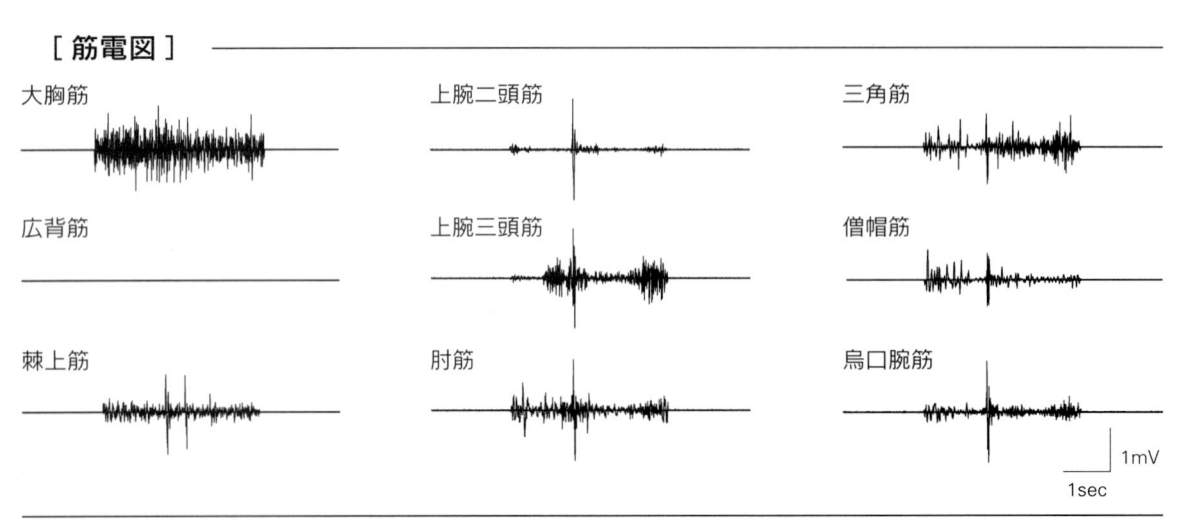

[筋電図]

大胸筋　　　上腕二頭筋　　　三角筋

広背筋　　　上腕三頭筋　　　僧帽筋

棘上筋　　　肘筋　　　烏口腕筋

1mV
1sec

5）ベント・オーバー・ロウ

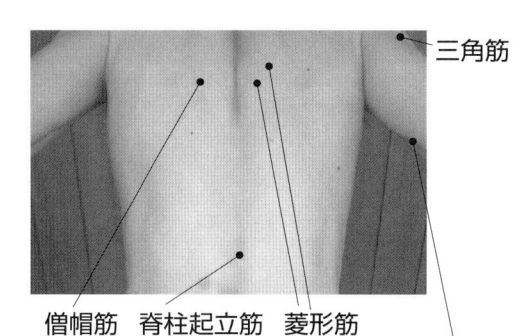

筋肉のラベル（写真）:
- 三角筋
- 僧帽筋　脊柱起立筋　菱形筋
- 上腕二頭筋　腕橈骨筋

Key Point

姿勢
- 立位で脚を肩幅に開き膝を軽く曲げ、背すじを伸ばす
- 上体を前傾させ、腕は床に垂直に下ろし、視線は斜め前をみる

動作
① バーベルはオーバー・グリップで肩幅より広く握る
② 胸下部か腹上部まで引き上げる

ポイント
- 背中を丸めず、腕以外の姿勢はしっかり保持する
- 上体の反動を使わない
- 引き上げた後は、肘が完全に伸びるまでゆっくり元の位置に戻す

[筋電図]

- 大胸筋
- 上腕二頭筋
- 三角筋
- 広背筋
- 上腕三頭筋
- 僧帽筋
- 大・小菱形筋
- 腕橈骨筋
- 脊柱起立筋

1mV / 1sec

6）ベント・オーバー・ラテラル・レイズ

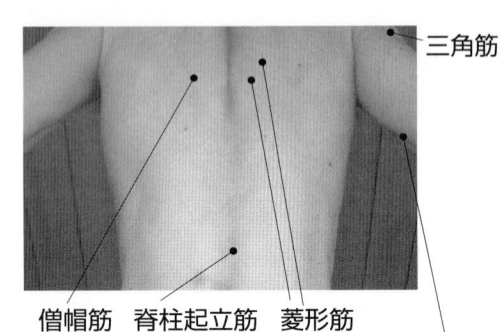

三角筋
僧帽筋　脊柱起立筋　菱形筋
腕橈骨筋

🔑 Key Point

姿　勢
- 立位で脚を肩幅に開き膝を軽く曲げ，背すじを伸ばす
- 上体を前傾させ，腕は床に垂直に下ろし，視線は斜め前をみる

動　作
① ダンベルはオーバー・グリップで握る
② 両腕が床に水平になるまで引き上げる

ポイント
- 手首と肘は固定し，上体の反動を使わない
- 大きな弧を描くように動作する
- 引き上げた後は，ゆっくり元の位置に戻す

[筋電図]

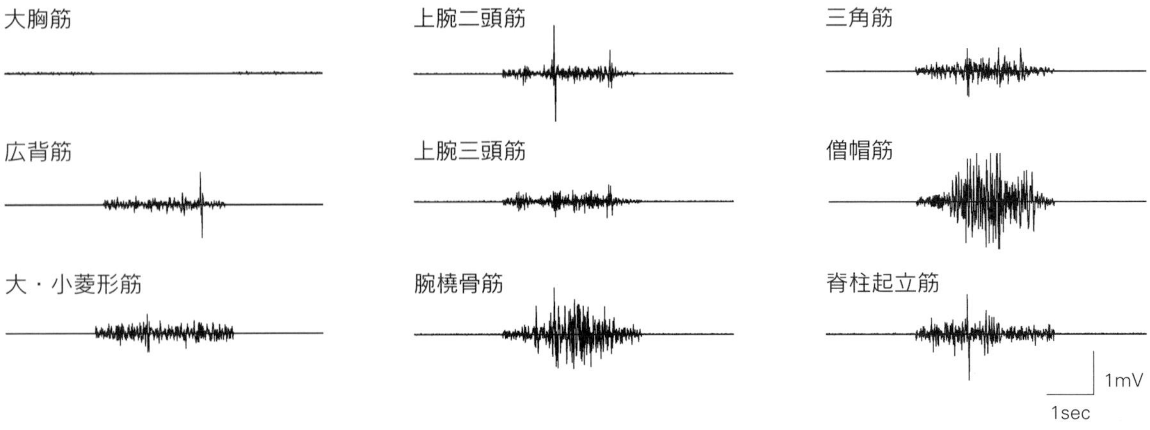

大胸筋

上腕二頭筋

三角筋

広背筋

上腕三頭筋

僧帽筋

大・小菱形筋

腕橈骨筋

脊柱起立筋

1mV
1sec

7）ベント・オーバー

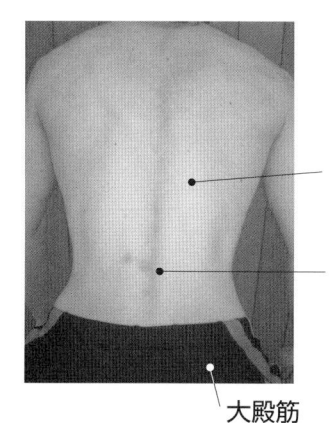

広背筋
脊柱起立筋
大殿筋

Key Point

姿 勢
・立位で脚を肩幅に開き，背すじを伸ばす
・肩にバーベルを担ぎ，視線は水平線をみる

動 作
①バーベルはオーバー・グリップで握る
②上体が床に水平になるまで倒す

ポイント
・背中を丸めず，お尻を後ろに突き出す
・視線は斜め前をみて，直立時に上体を反らさない
・動作の後は，ゆっくり元の位置に戻す

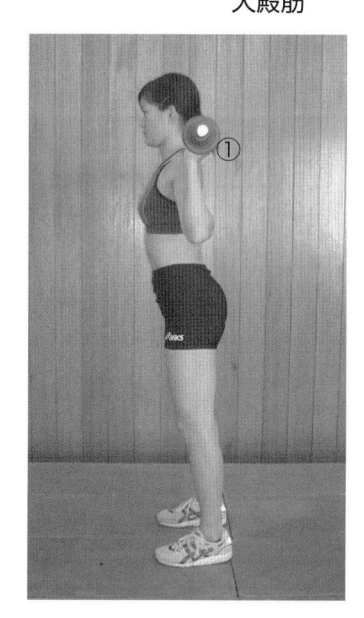

［筋電図］

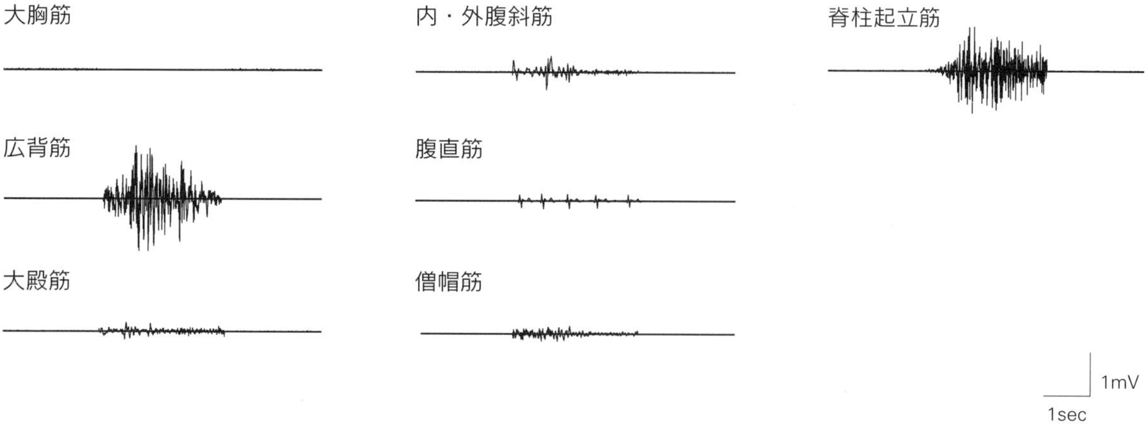

大胸筋

内・外腹斜筋

脊柱起立筋

広背筋

腹直筋

大殿筋

僧帽筋

1mV
1sec

8）スティフ・レッグ・デッド・リフト

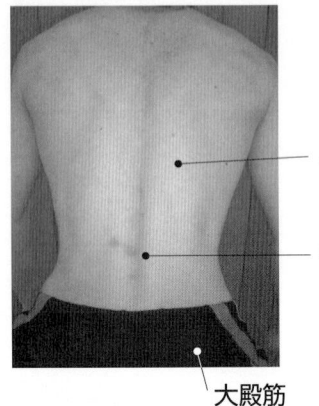

広背筋
脊柱起立筋
大殿筋

Key Point

姿 勢
・立位で脚を肩幅に開き，膝を軽く曲げ，上体を床面と水平にする
・膝を軽く曲げ，両腕を垂直に下ろしバーベルを握る

動 作
①バーベルはオーバー・グリップで握る
②直立姿勢になるように引き起こす

ポイント
・背中を丸めず，お尻を後ろに突き出す
・視線は斜め前をみて，直立時に上体を反らさない
・引き起こした後は，ゆっくり元の位置に戻す

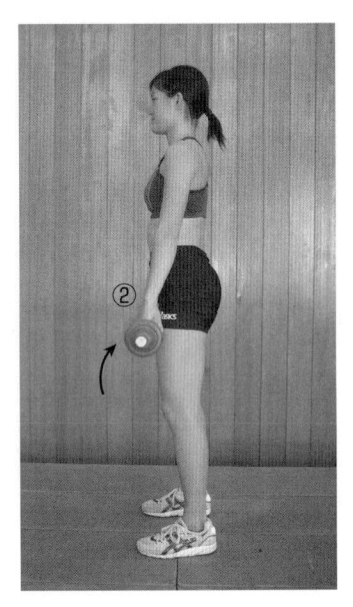

[筋電図]

大胸筋	内・外腹斜筋	脊柱起立筋
広背筋	腹直筋	
大殿筋	僧帽筋	

1mV
1sec

第Ⅱ章　7．体幹の筋　45

9）サイド・ベント

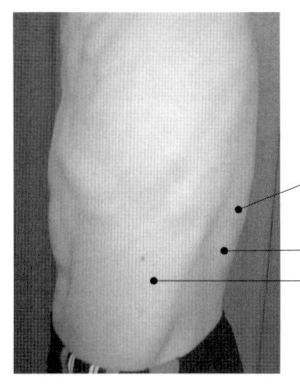

脊柱起立筋
広背筋
内・外腹斜筋

Key Point

姿　勢
・立位で脚を肩幅に開き，片方の手を頭の後ろに添える
・他方の手を体幹に沿い，手は中間位でダンベルを握る

動　作
①ダンベルはオーバー・グリップで握る
②頭に手を添えた方向（側方）に上体を倒す

ポイント
・首，肩，肘，手首は固定する
・視線は水平線方向で，動作時前傾や後傾にならない
・動作後は，ゆっくり元の位置に戻す

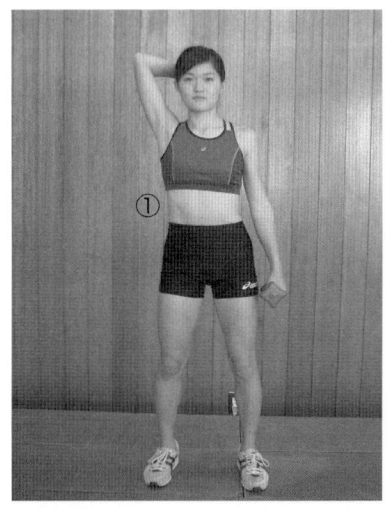

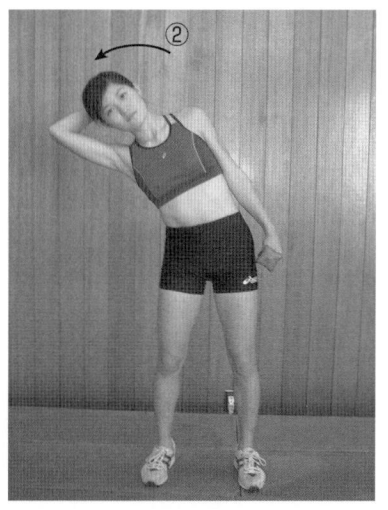

[筋電図]

大胸筋

広背筋

大殿筋

内・外腹斜筋

腹直筋

僧帽筋

脊柱起立筋

1mV
1sec

8. 下肢帯の筋と下肢の筋

1) スクワット

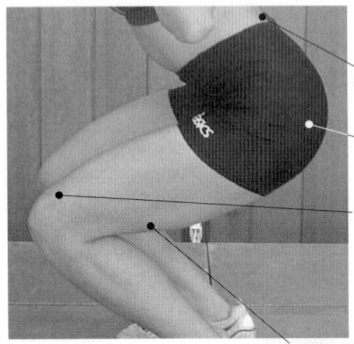

脊柱起立筋
大殿筋
大腿四頭筋
大腿屈筋群（ハムストリングス）

Key Point

姿勢
・立位で脚を肩幅に開き，つま先は前方もしくは若干外側に向ける
・肩にバーベルを担ぎ，視線は水平線をみる

動作
①バーベルはオーバー・グリップで握る
②大腿部が床と平行になるまで腰を下ろす

ポイント
・背中を丸めず，視線は水平線をみる
・膝を曲げるときは膝が足より前にでないようにし，お尻を後ろに突き出す
・膝は，足先の方向と同じ方向へ曲げる
・動作の後は，ゆっくり元の位置に戻す

[筋電図]

大腿直筋　　　　　　大殿筋　　　　　　腓腹筋

外側広筋　　　　　　大腿二頭筋　　　　ヒラメ筋

内側広筋　　　　　　半腱様筋　　　　　脊柱起立筋

1mV
1sec

第Ⅱ章　8．下肢帯の筋と下肢の筋　47

2）フロント・スクワット

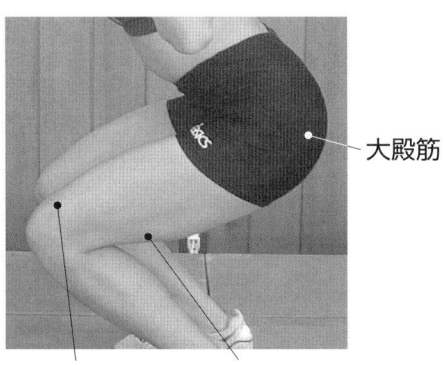

大殿筋
大腿四頭筋
大腿屈筋群（ハムストリングス）

🔑 Key Point

姿　勢
・立位で脚を肩幅に開き，つま先は前方もしくは若干外側に向ける
・肩にバーベルを担ぎ，視線は水平線をみる

動　作
①バーベルはオーバー・グリップで握る
②大腿部が床と平行になるまで腰を下ろす

ポイント
・背中を丸めず，視線は水平線をみる
・膝を曲げるときは膝が足より前にでないようにし，お尻を後ろに突き出す
・膝は，足先の方向と同じ方向へ曲げる
・動作の後は，ゆっくり元の位置に戻す

［筋電図］

大腿直筋

大殿筋

腓腹筋

外側広筋

大腿二頭筋

ヒラメ筋

内側広筋

半腱様筋

脊柱起立筋

1mV
1sec

3）デッド・リフト

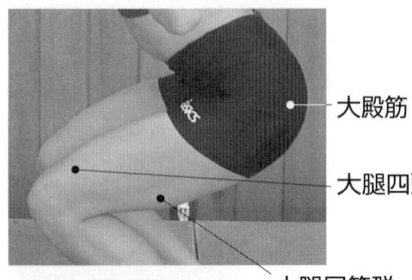

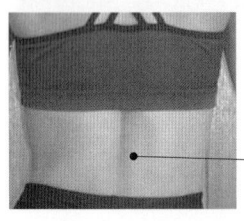

- 大殿筋
- 大腿四頭筋
- 大腿屈筋群（ハムストリングス）
- 脊柱起立筋

Key Point

姿勢
- 立位で脚を肩幅に開き，膝を曲げ，つま先は前方もしくは若干外側に向ける
- 膝を曲げ背すじを伸ばし前傾し，手を垂直に下ろし，グリップは肩幅より広くしてバーベルを握る

動作
① バーベルはオーバー・グリップで握る
② バーベルが体幹に沿うように直立する

ポイント
- 背中を丸めず，視線は水平線をみる
- 膝を曲げるときは膝が足より前にでないようにし，お尻を後ろに突き出す
- 膝は，足先の方向と同じ方向へ曲げる
- 動作の後は，ゆっくり元の位置に戻す

[筋電図]

大腿直筋	大殿筋	腓腹筋
外側広筋	大腿二頭筋	ヒラメ筋
内側広筋	半腱様筋	脊柱起立筋

1mV
1sec

4）レッグ・ランジ

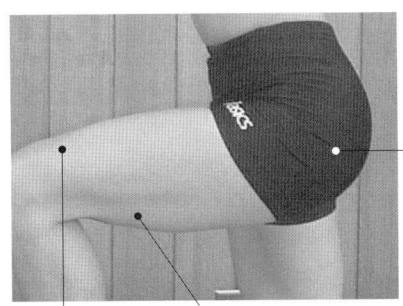

大殿筋
大腿四頭筋
大腿屈筋群（ハムストリングス）

Key Point

姿 勢
・立位で脚を肩幅に開き，つま先は前方もしくは若干外側に向ける
・肩にバーベルを担ぎ，視線は水平線をみる

動 作
①バーベルはオーバー・グリップで握る
②片方の脚を前方に出し，大腿部が床と平行になるまで膝を曲げる

ポイント
・背中を丸めず，視線は水平線をみる
・上体が前傾しないように，常に床面に対して垂直に保持する
・膝を曲げるときは膝が足より前にでない
・動作の後は，ゆっくり元の位置に戻す

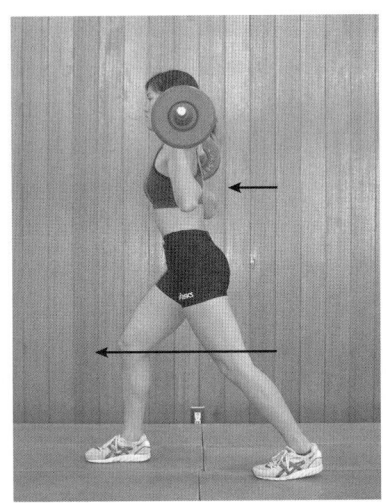

［筋電図］

大腿直筋

大殿筋

腓腹筋

外側広筋

大腿二頭筋

ヒラメ筋

内側広筋

半腱様筋

脊柱起立筋

1mV
1sec

5）フライング・スプリット

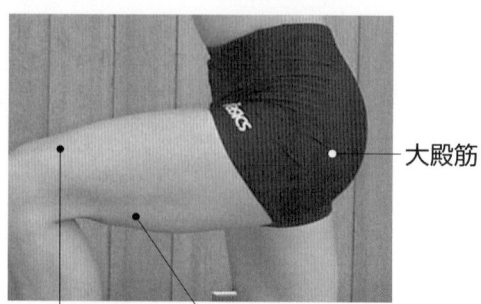

大殿筋
大腿四頭筋　**大腿屈筋群（ハムストリングス）**

Key Point

姿　勢
- 立位で片方の脚を前方に出す
- 大腿部が床と平行になるまで膝を曲げ，足より前にでない

動　作
① 肩にバーベルを担ぎ，オーバー・グリップでバーベルを握る
② 上方にジャンプして前方の脚と後方の脚を置き換える

・ポイント
- 背中を丸めず，視線は水平線をみる
- 上体が前傾しないように，常に床面に対して垂直に保持する
- 動作の後は，ゆっくり元の位置に戻す

[筋電図]

大腿直筋

外側広筋

内側広筋

大殿筋

大腿二頭筋

半腱様筋

腓腹筋

ヒラメ筋

脊柱起立筋

1mV
1sec

第Ⅱ章　8. 下肢帯の筋と下肢の筋　51

6）サイド・ランジ

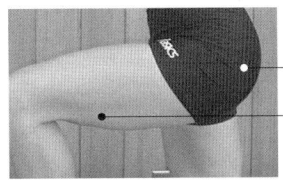

- 大殿筋
- 大腿屈筋群（ハムストリングス）
- 大内転筋

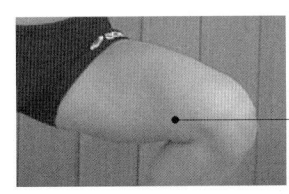

🔑 Key Point

姿　勢
・立位で脚をそろえて，背すじを伸ばす
・肩にバーベルを担ぎ，視線は水平線をみる

動　作
①バーベルはオーバー・グリップで握る
②横方向に片方の脚を振り出し，大腿部が床と平行になるまで膝を曲げる

ポイント
・背中を丸めず，視線は水平線をみる
・上体が前傾しないように，常に床面に対して垂直に保持する
・動作の後は，ゆっくり元の位置に戻す

［筋電図］

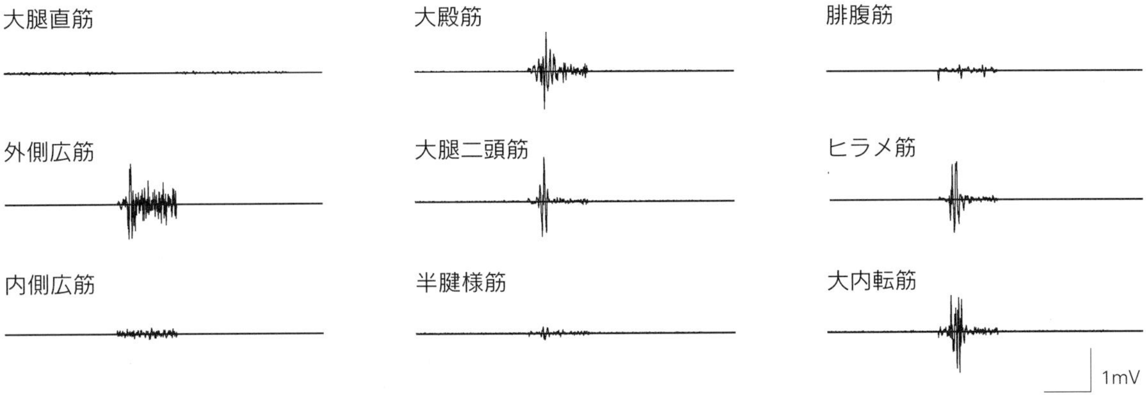

大腿直筋

外側広筋

内側広筋

大殿筋

大腿二頭筋

半腱様筋

腓腹筋

ヒラメ筋

大内転筋

1mV
1sec

7) シシー・スクワット・ウィズ・ウェイト

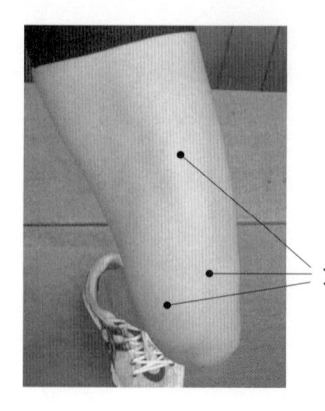

大腿四頭筋

Key Point

姿 勢
- 立位で脚を肩幅に開き，背すじを伸ばす
- 肩にバーベルを担ぎ，視線は水平線をみる

動 作
① バーベルはオーバー・グリップで握る
② 膝を曲げ，足より前に突き出す

ポイント
- 上体と腰は，保持したまま膝を突き出すだけの動きをする
- 視線は水平線をみる
- 動作の後は，ゆっくり元の位置に戻す

[筋電図]

大腿直筋

大殿筋

腓腹筋

外側広筋

大腿二頭筋

ヒラメ筋

内側広筋

半腱様筋

前脛骨筋

1mV
1sec

第Ⅱ章　8．下肢帯の筋と下肢の筋　53

8）カーフ・レイズ

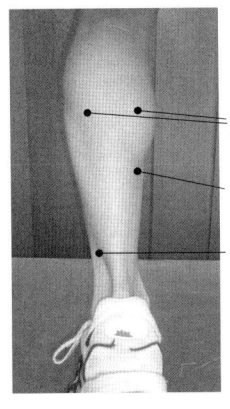

腓腹筋
ヒラメ筋
長腓骨筋

Key Point

姿　勢
・立位で脚を肩幅に開き，背すじを伸ばす
・肩にバーベルを担ぎ，視線は水平線をみる

動　作
①バーベルはオーバー・グリップで握る
②踵を高く上げ，つま先立ちをする

ポイント
・上体と腰は，保持したまま踵を上げるだけの動きをする
・視線は水平線をみる
・動作の後は，ゆっくり元の位置に戻す

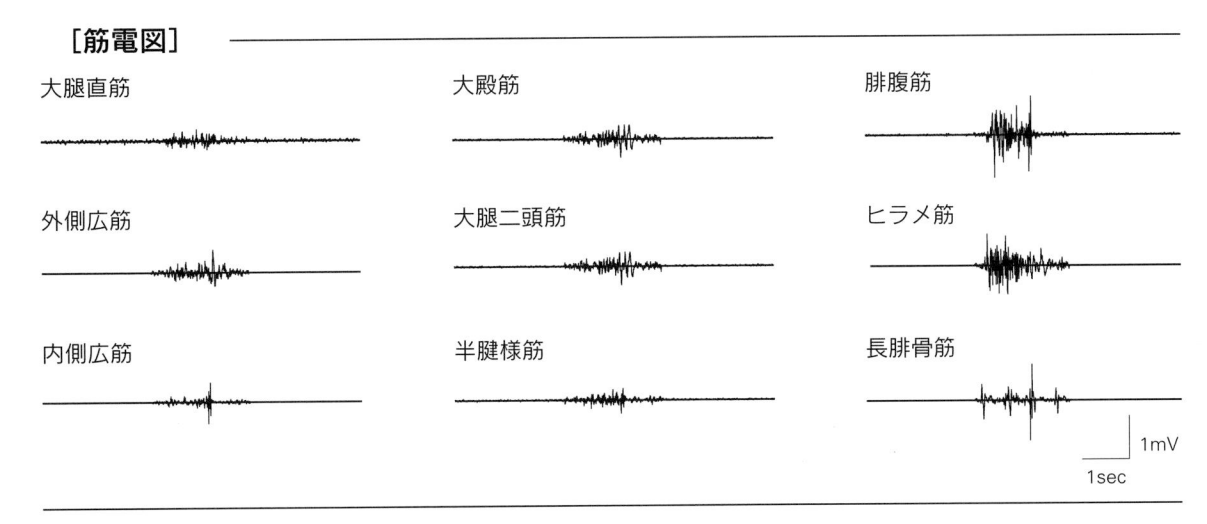

[筋電図]

大腿直筋　　　　大殿筋　　　　腓腹筋

外側広筋　　　　大腿二頭筋　　　ヒラメ筋

内側広筋　　　　半腱様筋　　　　長腓骨筋

1mV
1sec

9）ニー・ベント・カーフ・レイズ

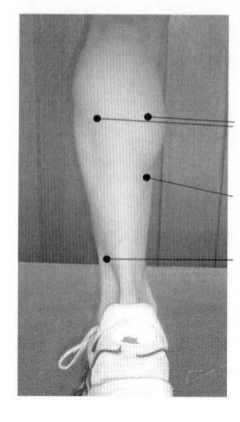

- 腓腹筋
- ヒラメ筋
- 長腓骨筋

Key Point

姿 勢
・立位で脚を肩幅に開き，膝を曲げ背すじを伸ばす
・肩にバーベルを担ぎ，視線は水平線をみる

動 作
①バーベルはオーバー・グリップで握る
②踵を高く上げ，つま先立ちをする

ポイント
・上体と腰は，保持したまま踵を上げるだけの動きをする
・視線は水平線をみる
・動作の後は，ゆっくり元の位置に戻す

[筋電図]

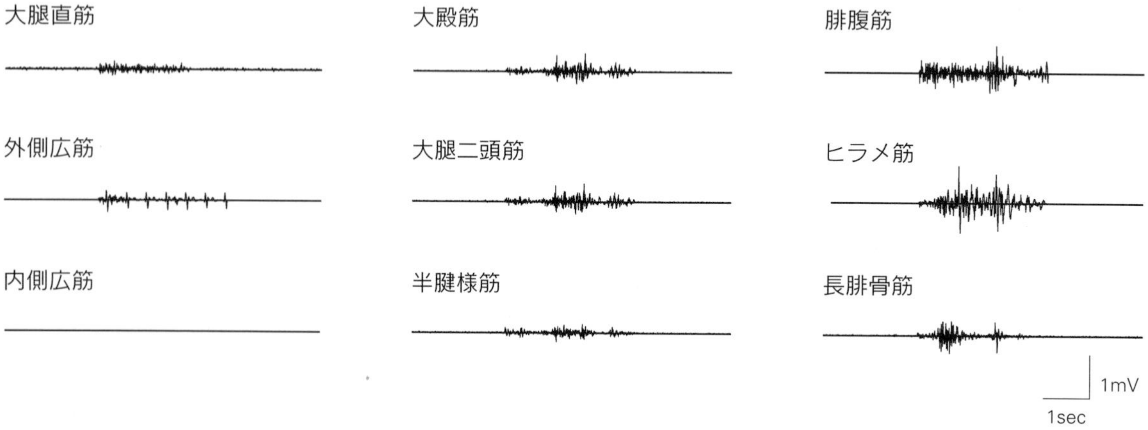

大腿直筋

外側広筋

内側広筋

大殿筋

大腿二頭筋

半腱様筋

腓腹筋

ヒラメ筋

長腓骨筋

1mV
1sec

9. 全身の筋

1) プッシュ・プレス

Key Point

姿勢
- 立位で脚を肩幅に開き,背すじを伸ばす
- バーベルを三角筋部と鎖骨部で支え,視線は水平線をみる

動作
① バーベルはオーバー・グリップで,肩幅より広く握る
② 素早く股関節,膝関節を屈曲してから伸展（ジャンプ）する
③ バーベルが一番高い位置にきたら頭の上へ押し上げる

ポイント
- バーベルは頭上ではやや後ろに位置し,肘は完全伸展させる
- 視線は水平線をみる
- 動作の後は,ゆっくり肘を曲げ元の位置に戻す
- 肩にバーベルがつくと同時に股関節と膝関節を若干曲げる

[筋電図]

大腿直筋　　　　大殿筋　　　　腓腹筋

外側広筋　　　　大腿二頭筋　　　上腕三頭筋

内側広筋　　　　三角筋　　　　僧帽筋

1mV
1sec

2）パワー・クリーン

Key Point

姿 勢
- 立位で脚を肩幅に開き，つま先はやや外側に開く
- 膝を曲げ背すじを伸ばし，前傾して両腕を垂直に下ろしバーベルを握る

動 作
① バーベルはオーバー・グリップで，肩幅より広く握る
②（ファーストプル）股関節と，膝関節を伸展させ床からバーベルを引き上げる
③（スクープ）バーベルが膝を通過したら股関節を前方へ出し，膝をバーベルの下に入れる
④（セカンドプル）股関節，膝関節，足関節を伸展させ，バーベルは体幹に沿って引き上げる
⑤（キャッチ）バーベルが最高点に達したらバーベルの下にクォータースクワットの姿勢で低くなる
⑥ そのとき，バーベルは肘関節を屈曲して前に突き出し鎖骨と三角筋部で受け止め，ゆっくり立ち上がる

ポイント
- 背すじを伸ばしたまま，視線は水平線をみる
- 左右の肩甲骨を寄せ，胸を大きく開く
- セカンドプル時に上体を反らしすぎないようにする
- キャッチ時に足裏全体を床面に付ける
- 動作後，膝を素早く屈伸させ，その反動を利用して手首を返す
- バーベルを大腿の位置までゆっくり下ろし，そのとき股関節と膝関節を軽度屈曲させる
- その後，ゆっくり股関節と膝関節を屈曲していき床にバーベルを置く

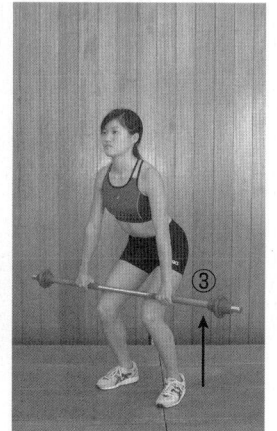

[筋電図]

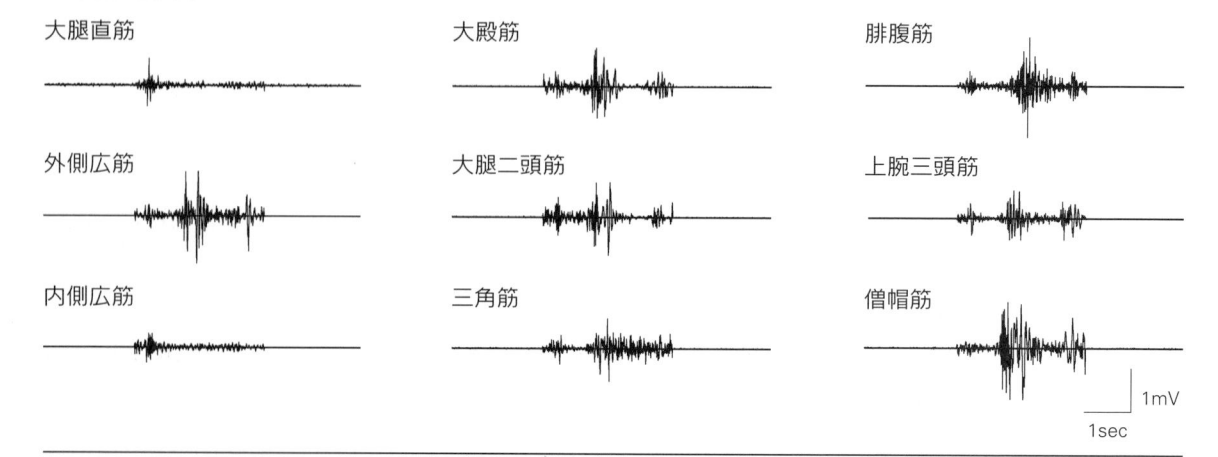

大腿直筋　　　　　　　大殿筋　　　　　　　腓腹筋

外側広筋　　　　　　　大腿二頭筋　　　　　上腕三頭筋

内側広筋　　　　　　　三角筋　　　　　　　僧帽筋

1mV
1sec

3）スナッチ

Key Point

姿勢
- 立位で脚を肩幅に開き，つま先はやや外側に開く
- 膝を曲げ背すじを伸ばし，前傾して両腕を垂直に下ろしバーベルを握る

動作
① バーベルはオーバーグリップで，肩幅は他の種目よりかなり広く握る
②（ファーストプル）股関節と膝関節を伸展させ，床からバーベルを引き上げる
③（スクープ）バーベルが膝を通過したら股関節を前方へ出し，膝をバーベルの下に入れる
④（セカンドプル）股関節，膝関節，足関節を伸展させ，バーベルは体幹に沿って引き上げ，両肩を引き上げる
⑤（キャッチ）バーベルが最高点に達したらバーベルの下にクォータースクワットの姿勢で低くなる
⑥ そのとき，肘関節を完全伸展位にし，頭上高位置で受け止め，ゆっくり立ち上がる

ポイント
- 背すじを伸ばしたまま，視線は水平線をみる
- 左右の肩甲骨を寄せ，胸を大きく開く
- セカンドプル時に上体を反らしすぎないようにする
- キャッチ時に足裏全体を床面に付ける
- 動作後，膝を素早く屈伸させ，その反動を利用して手首を返す
- バーベルを大腿の位置までゆっくり下ろし，そのとき股関節と膝関節を軽度屈曲させる
- その後，ゆっくり股関節と膝関節を屈曲していき床にバーベルを置く

[筋電図]

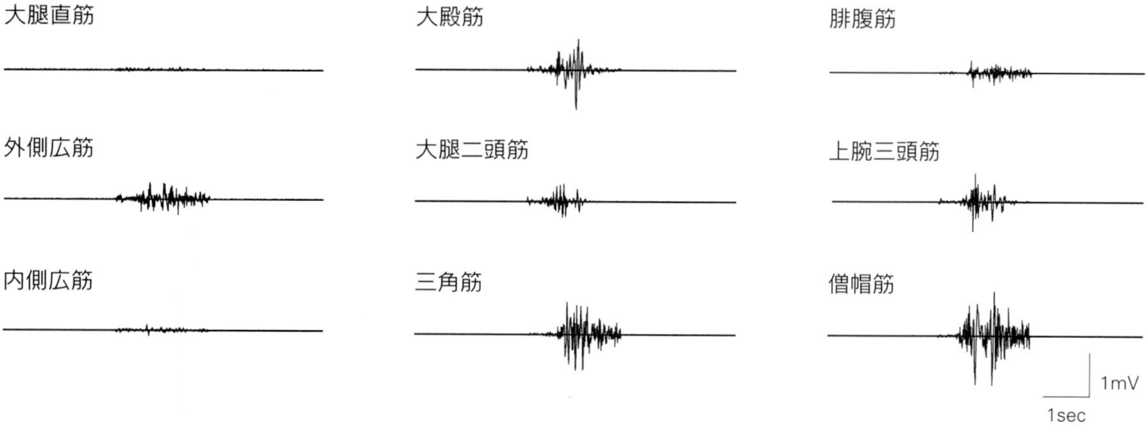

大腿直筋

外側広筋

内側広筋

大殿筋

大腿二頭筋

三角筋

腓腹筋

上腕三頭筋

僧帽筋

1mV
1sec

4）スプリット・スナッチ

姿勢
- 立位で脚を肩幅に開き，つま先はやや外側に開く
- 膝を曲げ背すじを伸ばし，前傾して両腕を垂直に下ろしバーベルを握る

動作
① バーベルはオーバー・グリップで，肩幅は他の種目よりかなり広く握る
②（ファーストプル）股関節と，膝関節を伸展させ，床からバーベルを引き上げる
③（スクープ）バーベルが膝を通過したら股関節を前方へ出し，膝をバーベルの下に入れる
④（セカンドプル）股関節，膝関節，足関節を伸展させ，バーベルは体幹に沿って引き上げ，両肩を引き上げる
⑤（キャッチ）バーベルが最高点に達したらバーベルの下にランジの姿勢で低くなる
⑥ そのとき，肘関節を完全伸展位にし，頭上高位置で受け止め，ゆっくり立ち上がる

ポイント
- 背すじを伸ばしたまま，視線は水平線をみる
- 左右の肩甲骨を寄せ，胸を大きく開く
- セカンドプル時に上体を反らしすぎないようにする
- キャッチ時に前方に振り出した大腿部が床に平行になるようにする
- 動作後，膝を素早く屈伸させ，その反動を利用して手首を返す
- バーベルを大腿の位置までゆっくり下ろし，そのとき股関節と膝関節を軽度屈曲させる
- その後，ゆっくり股関節と膝関節を屈曲していき床にバーベルを置く

[筋電図]

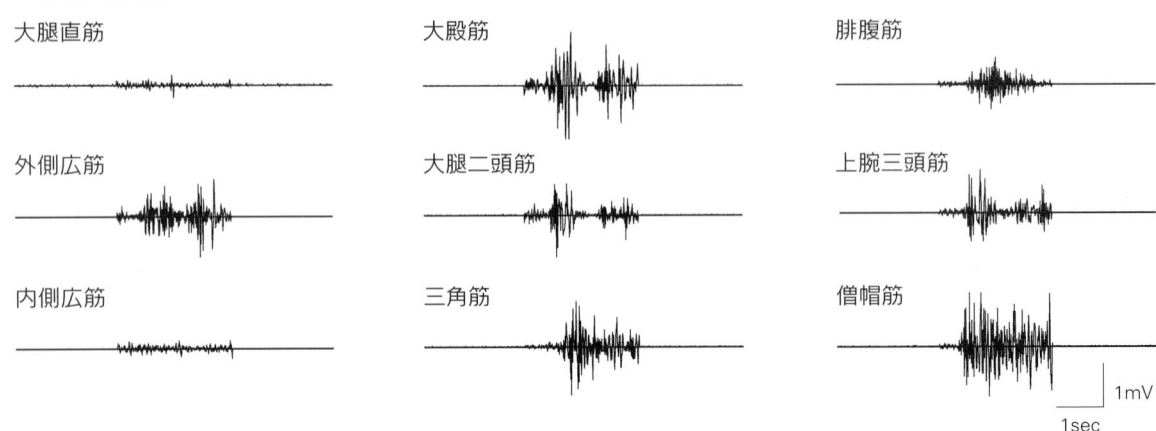

大腿直筋　　　　大殿筋　　　　腓腹筋

外側広筋　　　　大腿二頭筋　　上腕三頭筋

内側広筋　　　　三角筋　　　　僧帽筋

1mV
1sec

10. ノンウェイト

1) ヒップ・ローリング

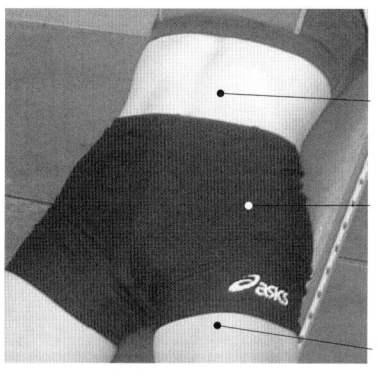

腹直筋
腸腰筋
大腿直筋

🔑 Key Point

姿 勢
・床の上に仰臥し，股関節と膝関節を屈曲する
・両腕は体側に沿わせ，床を押さえる

動 作
① 殿部と腰部を床から浮かせる
② 10〜30秒静止，もしくは浮かせた状態で小刻みに収縮させる

ポイント
・頭を床につけたまま行なう
・膝関節を終始曲げたまま行なう
・筋の使い方がわからなければ，腕の力を使ってもよい
・セット中は足を床に下ろさない

[筋電図]

大腿直筋	大殿筋	腹直筋
外側広筋	大腿二頭筋	腹直筋下部
内側広筋	半腱様筋	脊柱起立筋

1mV
1sec

2）ヒップ・ローリング 2

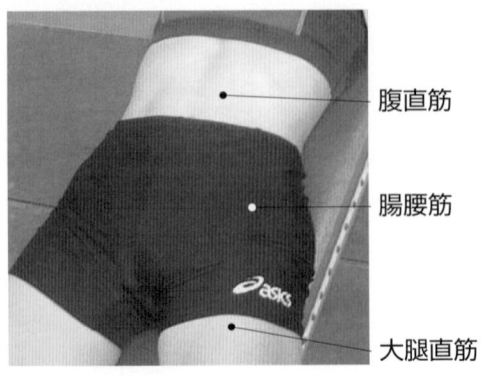

Key Point

姿 勢
・床の上に仰臥し，股関節と膝関節を屈曲する
・手は頭の下に組み，肘関節を床につける

動 作
① 殿部と腰部を床から浮かせる
② 10〜30 秒静止，もしくは浮かせた状態で小刻みに収縮させる

ポイント
・頭と肘関節は床につけたまま行なう
・膝関節を終始曲げたまま行なう
・セット中は足を床に下ろさない

腹直筋
腸腰筋
大腿直筋

[筋電図]

大腿直筋	大殿筋	腹直筋
外側広筋	大腿二頭筋	腹直筋下部
内側広筋	半腱様筋	脊柱起立筋

1mV
1sec

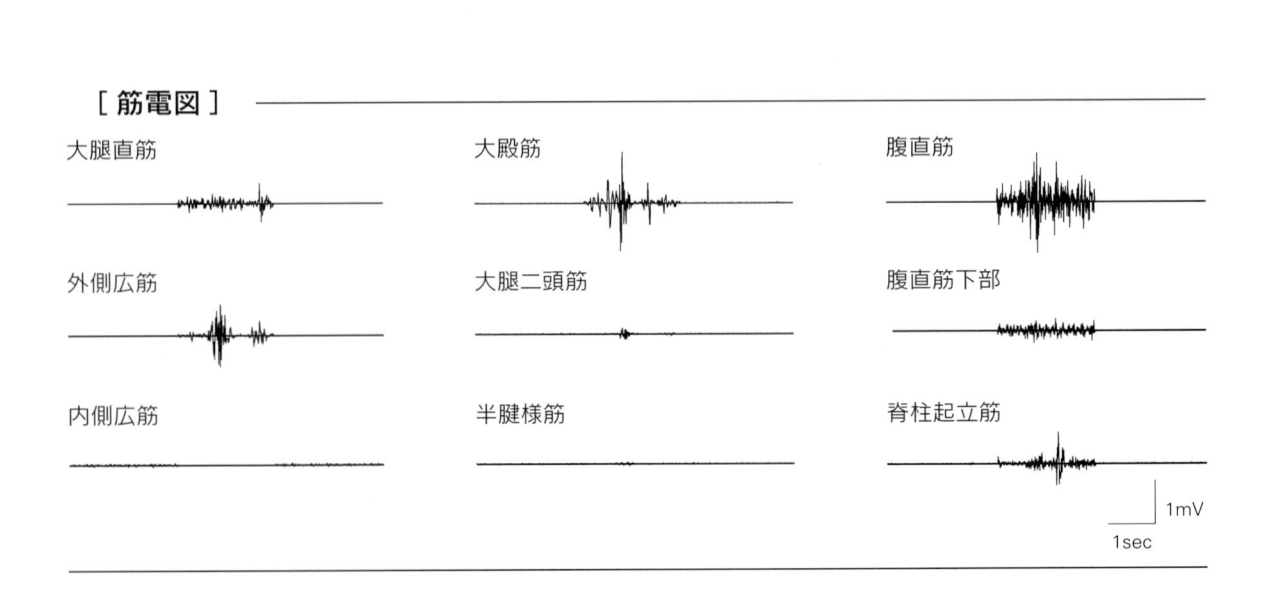

3）ヒップ・ローリング・ツイスト

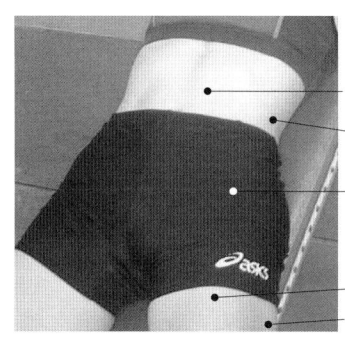

筋肉
- 腹直筋
- 内・外腹斜筋
- 腸腰筋
- 大腿直筋
- 外側広筋

Key Point

姿勢
・床の上に仰臥し，股関節と膝関節を屈曲する
・手は頭の下に組み，肘関節を床につける

動作
① 殿部と腰部を左右交互に斜め上方に床から浮かせる
② 10～30秒静止もしくは浮かせた状態で小刻みに収縮させる

ポイント
・頭と肘関節は床につけたまま行なう
・膝関節を終始曲げたまま行なう
・セット中は足を床に下ろさない

[筋電図]

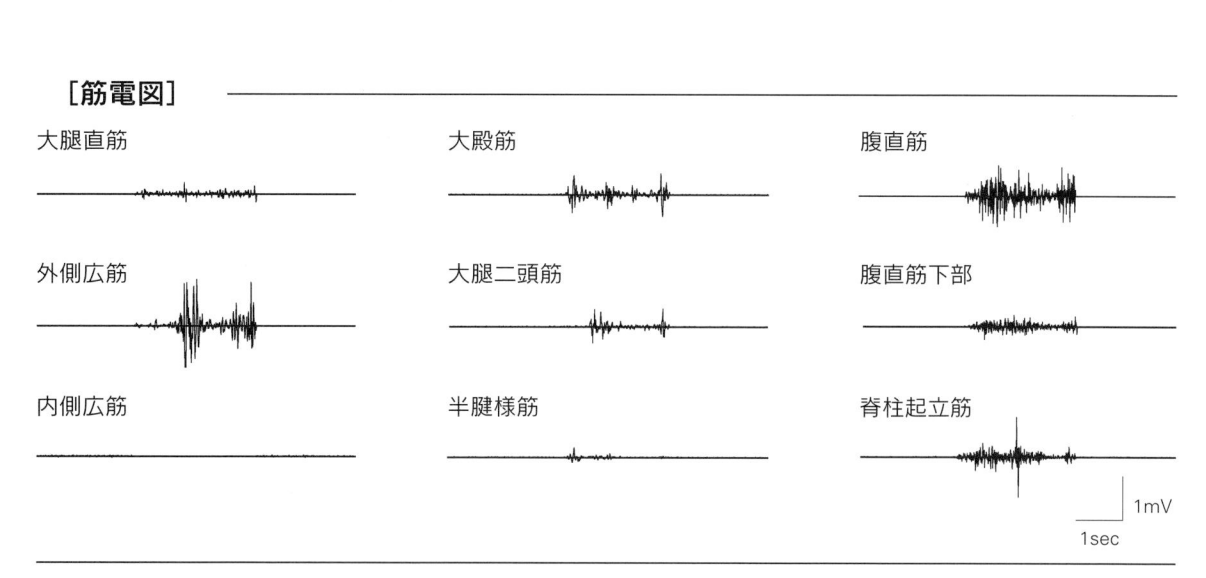

大腿直筋　　大殿筋　　腹直筋

外側広筋　　大腿二頭筋　　腹直筋下部

内側広筋　　半腱様筋　　脊柱起立筋

1mV
1sec

4) ヒップ・アブドミナル・ローリング

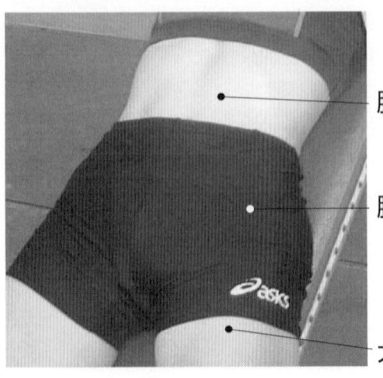

腹直筋
腸腰筋
大腿直筋

Key Point

姿 勢
・床の上に仰臥し，股関節と膝関節を屈曲する
・手は頭の下に組み，肘関節を立てる

動 作
① 殿部と腰部を床から浮かせ，両肘関節を膝につける
② 10〜30秒静止もしくは小刻みに肘関節を膝関節にタッチさせる

ポイント
・ヒップ・ロールの状態（殿部，腰部を浮かせた状態）で肘関節を膝関節にタッチする
・膝関節を終始曲げたまま行なう
・セット中は足を床に下ろさない

[筋電図]

大腿直筋	大殿筋	腹直筋
外側広筋	大腿二頭筋	腹直筋下部
内側広筋	半腱様筋	脊柱起立筋

1mV
1sec

5）ヒップ・アブドミナル・ローリング・ツイスト

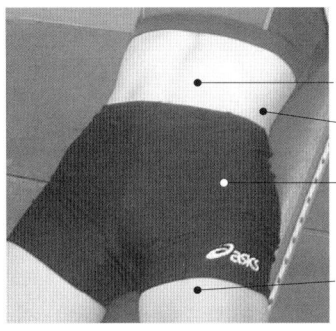

- 腹直筋
- 内・外腹斜筋
- 腸腰筋
- 大腿直筋

🔑 Key Point

姿 勢
・床の上に仰臥し，股関節と膝関節を屈曲する
・手は頭の下に組み，肘関節を立てる

動 作
① 殿部と腰部を床から浮かせ，片方の肘関節を対角の膝関節に付ける
② 10～30秒静止もしくは浮かせた状態で小刻みに肘関節を膝関節にタッチさせる

ポイント
・ヒップロールの状態（殿部，腰部を浮かせた状態）で肘関節を膝関節にタッチする
・膝関節を終始曲げたまま行ない，他方の肘関節が床につかないようにする
・セット中は足を床に下ろさない

［筋電図］

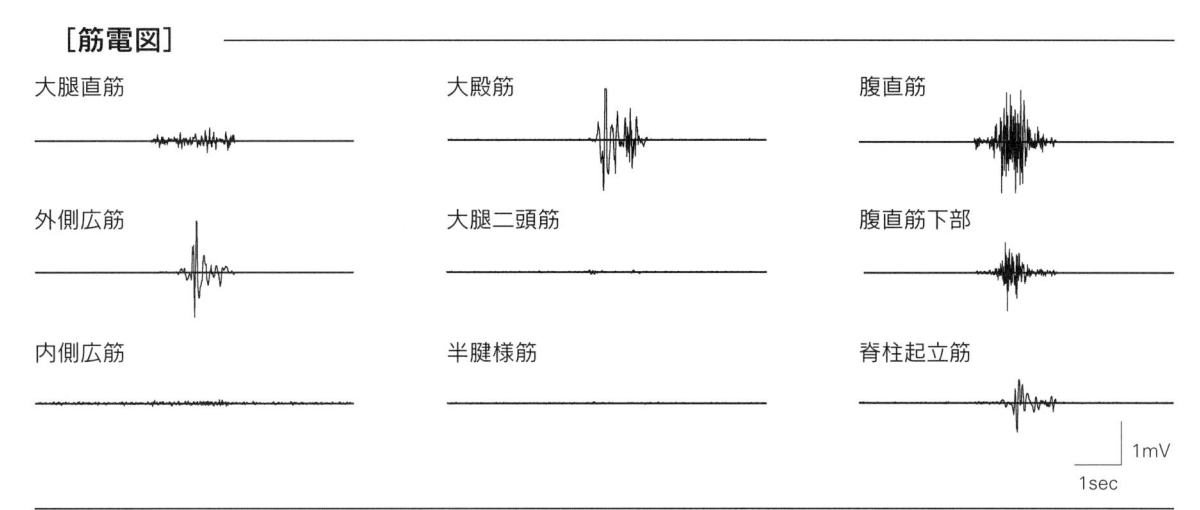

大腿直筋　　　　　　　大殿筋　　　　　　　腹直筋

外側広筋　　　　　　　大腿二頭筋　　　　　腹直筋下部

内側広筋　　　　　　　半腱様筋　　　　　　脊柱起立筋

1mV
1sec

6）スラスト

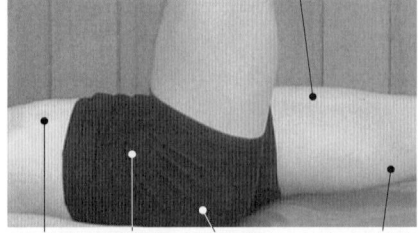

大腿直筋
腹直筋　腸腰筋　大殿筋　大腿二頭筋

Key Point

姿　勢
・両手を床につけ腕立ての姿勢をとり，背中を伸ばす
・視線は水平線をみる

動　作
①軽くジャンプした瞬間に前後の脚を入れ替える

ポイント
・体幹の中心方向へ膝を引きつける
・膝関節を胸まで引きつける

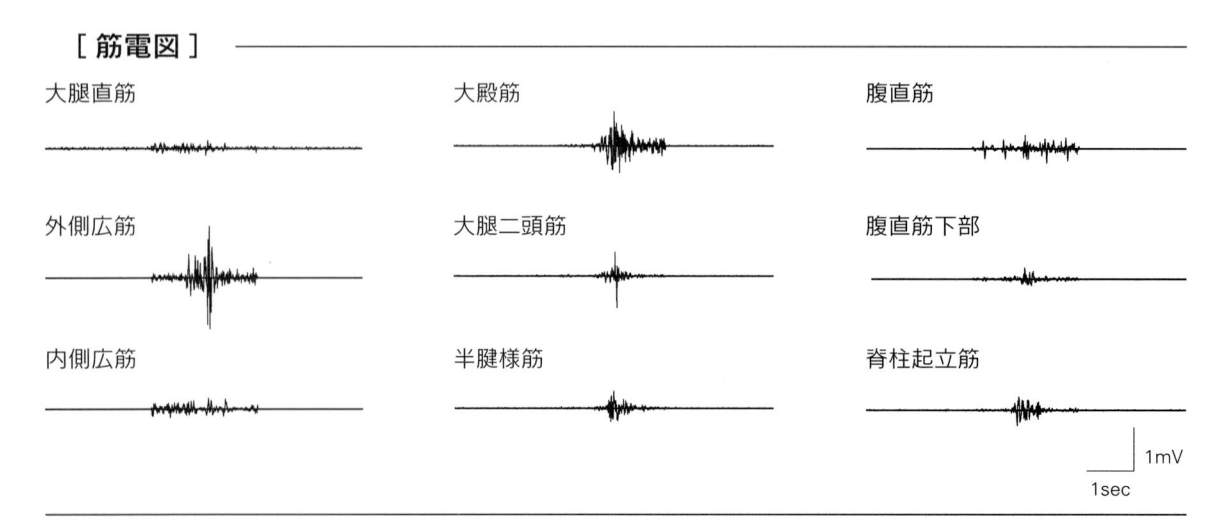

[筋電図]

大腿直筋	大殿筋	腹直筋
外側広筋	大腿二頭筋	腹直筋下部
内側広筋	半腱様筋	脊柱起立筋

1mV
1sec

第Ⅱ章　10. ノンウェイト　65

7）（チューブを利用した）ニー・プル

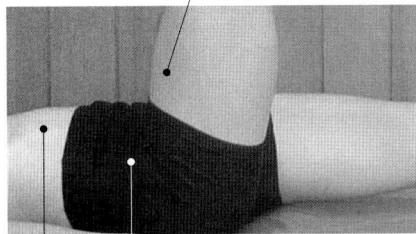

大腿直筋
腹直筋　腸腰筋

Key Point

姿　勢
・床の上に仰臥し，股関節と膝関節をそれぞれ90度屈曲する
・足関節部にチューブを固定し，両腕は体側に沿わせ，床を押さえる

動　作
①膝関節を胸まで引きつける

ポイント
・体幹の中心方向へ膝を引きつける
・他方の脚の膝関節を曲げない
・他方の脚で床を押しつけない

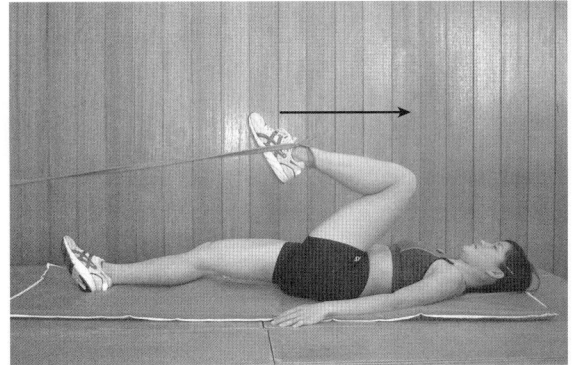

［筋電図］

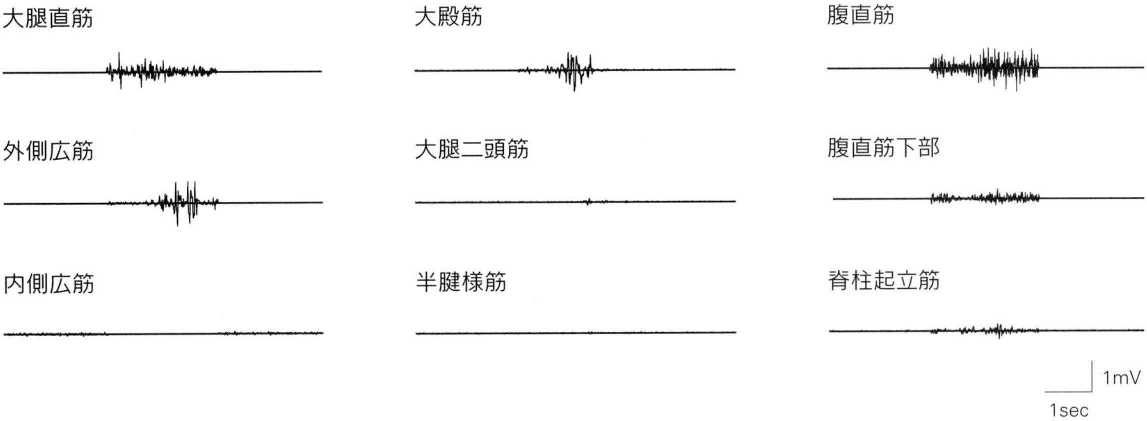

大腿直筋	大殿筋	腹直筋
外側広筋	大腿二頭筋	腹直筋下部
内側広筋	半腱様筋	脊柱起立筋

1mV
1sec

8）バランスボールを利用したニー・プル

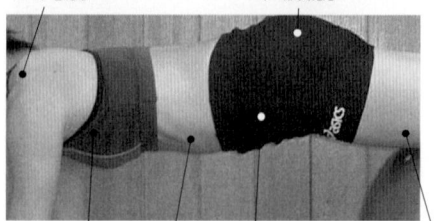

筋肉（図中ラベル）: 三角筋　大殿筋　大胸筋　腹直筋　腸腰筋　大腿直筋

Key Point

姿　勢
・腕立ての姿勢をとり，膝関節をバランスボールに乗せる

動　作
①ボールを転がし，膝関節が胸につくまで引き寄せる

ポイント
・体幹でうまくバランスをとる
・背中と腰は反らないよう保持する

[筋電図]

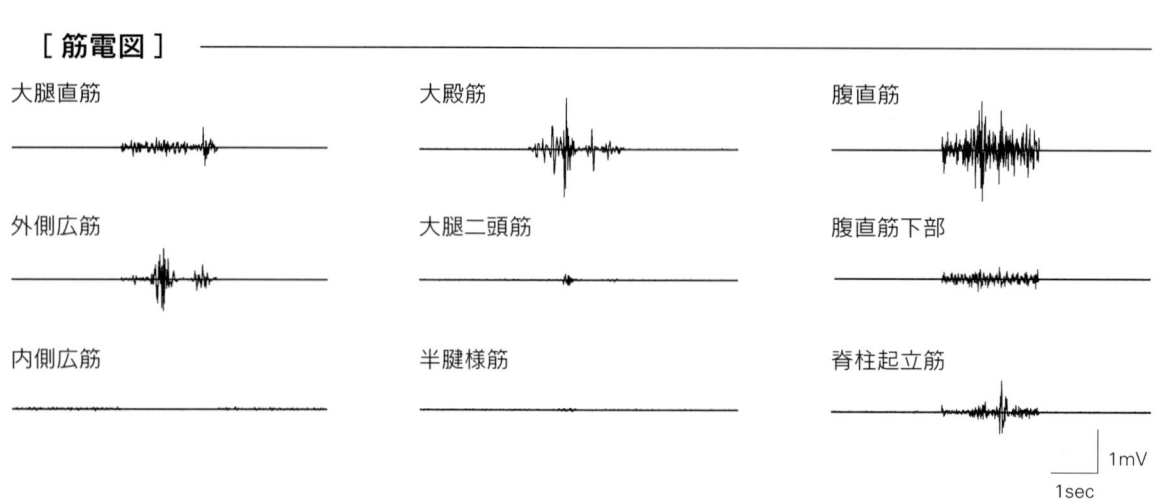

大腿直筋　　大殿筋　　腹直筋

外側広筋　　大腿二頭筋　　腹直筋下部

内側広筋　　半腱様筋　　脊柱起立筋

1mV
1sec

9）ヒップ・アップ

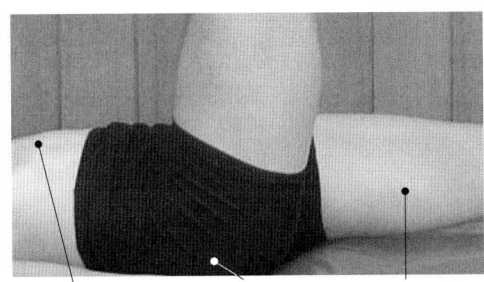

腹直筋　大殿筋　大腿二頭筋

Key Point

姿　勢
・床の上に仰臥し，片方の足関節を他方の膝関節の上方に位置させる
・両手は頭の後ろに組む

動　作
①殿部と腰部を床から浮かせる

ポイント
・大腿部と体幹が水平になるまで持ち上げる
・身体を反らさないこと
・膝関節の角度でハムストリングスにかかる負荷が変わる

［筋電図］

大腿直筋	大殿筋	腹直筋
外側広筋	大腿二頭筋	腹直筋下部
内側広筋	半腱様筋	脊柱起立筋

1mV
1sec

10）（チューブを利用した）ヒップ・エクステンション

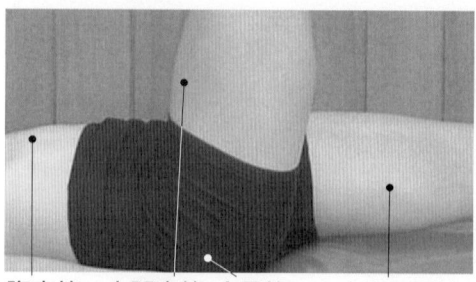

腹直筋　大腿直筋　大殿筋　　大腿二頭筋

Key Point

姿　勢
- 床の上に仰臥し，股関節と膝関節をそれぞれ最大屈曲位にする
- 膝関節部にチューブを固定し，両腕は体側に沿わせ，床を押さえる

動　作
① 膝関節と股関節を同時に伸展させる

ポイント
- 股関節と膝関節がそれぞれ135度付近で脱力する
- チューブの弾性を利用して元の姿勢に戻る

[筋電図]

大腿直筋　　　　　　　半腱様筋　　　　　　　脊柱起立筋

大殿筋　　　　　　　　腓腹筋

大腿二頭筋　　　　　　ヒラメ筋

1mV
1sec

11）ランジ・ジャンプ

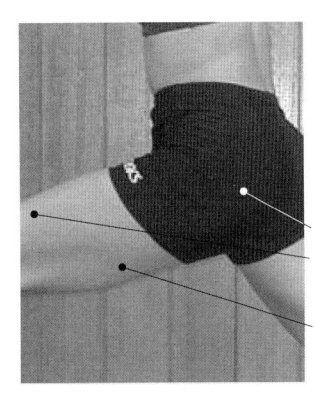

大殿筋
大腿四頭筋
大腿二頭筋

Key Point

姿 勢
・立位でランジの姿勢をとり，両腕は下垂する
・背中を伸ばし，視線は水平線をみる

動 作
①上方へジャンプし，そのまま同じ姿勢で着地する

ポイント
・殿筋とハムストリングスのストレッチ感を持つ
・殿筋とハムストリングスを瞬発的に使う
・前に出した脚の膝を90度以上にする
・膝の角度でハムストリングスにかかる負荷が変わる

［筋電図］

大腿直筋　　　　　　　大殿筋　　　　　　　　腹直筋

外側広筋　　　　　　　大腿二頭筋　　　　　　腹直筋下部

内側広筋　　　　　　　半腱様筋　　　　　　　脊柱起立筋

1mV
1sec

12) サイクルド・スプリット・スクワット・ジャンプ

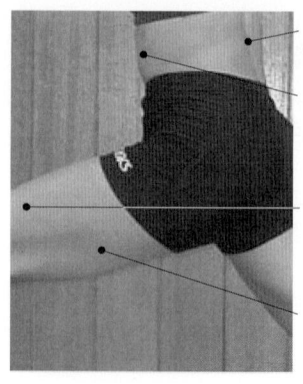

脊柱起立筋
腹直筋
大腿四頭筋
大腿二頭筋

Key Point

姿 勢
・立位でランジの姿勢をとり，両腕は下垂する
・背中を伸ばし，視線は水平線をみる

動 作
①上方へジャンプし，前後の脚を置き換え，同じ姿勢で着地する

ポイント
・殿筋とハムストリングスのストレッチ感を持つ
・膝関節を90度以上にする
・ジャンプ時に身体を反らさない
・膝の角度でハムストリングスにかかる負荷が変わる

[筋電図]

大腿直筋	大殿筋	腹直筋
外側広筋	大腿二頭筋	腹直筋下部
内側広筋	半腱様筋	脊柱起立筋

1mV
1sec

第III章
トレーニングの実践例

11. 全身のサーキットトレーニング1
12. 全身のサーキットトレーニング2
13. 上肢のサーキットトレーニング
14. 下肢のサーキットトレーニング
15. 体幹のサーキットトレーニング
16. 陸上競技（短距離）
17. 陸上競技（中距離）
18. 陸上競技（長距離）
19. 陸上競技（跳躍）
20. 水　泳
21. 体操競技
22. ウェイトリフティング
23. レスリング
24. 柔　道
25. バレーボール
26. ラグビー
27. バドミントン
28. 水　球
29. バスケットボール
30. テニス
31. スピードスケート
32. ショートトラック
33. スキー（アルペン）
34. スキー（ジャンプ）

　ここでは部位別および種目別のサーキットトレーニングの例を示すが，年齢やトレーニング段階に応じてトレーニングの負荷とセット数には十分に注意を払わなくてはならない．成人の目安としては，トレーニングの初期段階では60%の負荷で10〜12回, 70%で8〜10回, 80%で6〜8回を各々2セット行なう．トレーニングに慣れてきたら70%の負荷で8〜10回, 85%で4〜6回, 95%で2〜3回を各々2セット行なう．中学生はこの60%の負荷が妥当である．

11. 全身のサーキットトレーニング1

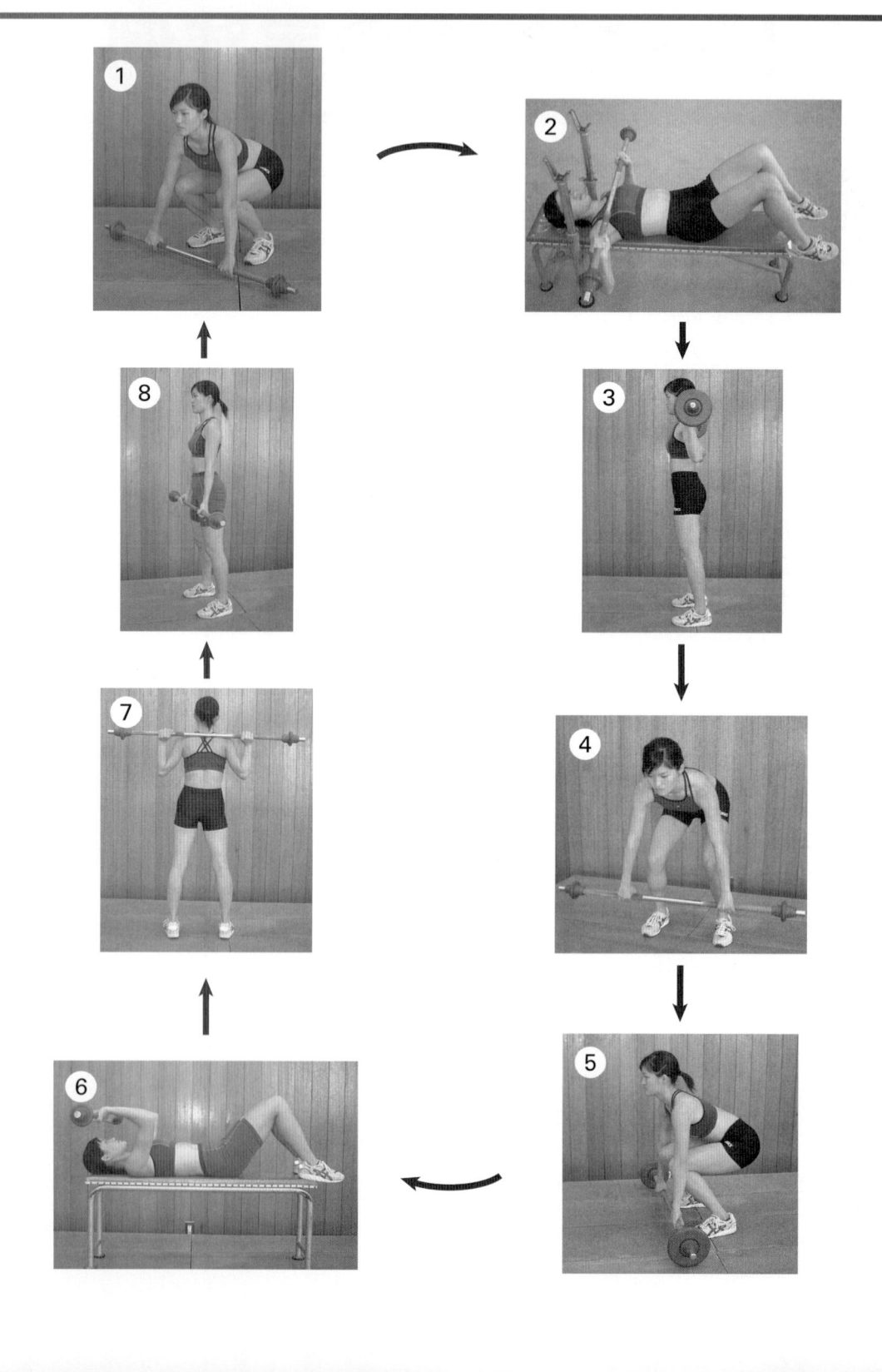

① **パワー・クリーン**（p.56 参照）
姿 勢
・立位で脚を肩幅に開き，つま先はやや外側に開く
・膝を曲げ背すじを伸ばし，前傾して両腕を垂直に下ろしバーベルを握る
動 作
①バーベルはオーバー・グリップで，肩幅より広く握る
②（ファーストプル）股関節と，膝関節を伸展させ床からバーベルを引き上げる
③（スクープ）バーベルが膝を通過したら股関節を前方へ出し，膝をバーベルの下に入れる
④（セカンドプル）股関節，膝関節，足関節を伸展させ，バーベルは体幹に沿って引き上げる
⑤（キャッチ）バーベルが最高点に達したらバーベルの下にクォータースクワットの姿勢で低くなる
⑥そのとき，バーベルは肘関節を屈曲して前に突き出し鎖骨と三角筋部で受け止め，ゆっくり立ち上がる

② **フラット・ベンチ・プレス**（p.37 参照）
姿 勢
・ベンチに仰向けになり頭部，背中，腰，足は常にベンチにつける
・バーベルは胸の乳首の位置まで下ろし，手首はまっすぐ固定し肘の上に位置する
動 作
①バーベルはオーバー・グリップで肩幅より広く握る
②肘が完全に伸展するまでバーベルを押し上げる

③ **スクワット**（p.46 参照）
姿 勢
・立位で脚を肩幅に開き，つま先は前方もしくは若干外側に向ける
・肩にバーベルを担ぎ，視線は水平線をみる
動 作
①バーベルはオーバー・グリップで握る
②大腿部が床と平行になるまで腰を下ろす

④ **ベント・オーバー・ロウ**（p.41 参照）
姿 勢
・立位で脚を肩幅に開き膝を軽く曲げ，背すじを伸ばす
・上体を前傾させ，腕は床に垂直に下ろし，視線は斜め前をみる
動 作
①バーベルはオーバー・グリップで肩幅より広く握る
②胸下部か腹上部まで引き上げる

⑤ **デッド・リフト**（p.48 参照）
姿 勢
・立位で脚を肩幅に開き，膝を曲げ，つま先は前方もしくは若干外側に向ける
・膝を曲げ，背すじを伸ばし前傾し，手を垂直に下ろし，グリップは肩幅より広くしてバーベルを握る
動 作
①バーベルはオーバー・グリップで握る
②バーベルが体幹に沿うように直立する

⑥ **ライイング・トライセプス・エクステンション**（p.27 参照）
姿 勢
・ベンチに仰向けになり足をベンチに乗せる
・上腕を垂直に上方へ伸ばし，常に平行を維持する
・肘は手が頭方向にくるように曲げる
動 作
①バーベルはオーバー・グリップで握る
②肘が完全伸展するまで伸ばす

⑦ **カーフ・レイズ**（p.53 参照）
姿 勢
・立位で脚を肩幅に開き，背すじを伸ばす
・肩にバーベルを担ぎ，視線は水平線をみる
動 作
①バーベルはオーバー・グリップで握る
②踵を高く上げ，つま先立ちをする

⑧ **バイセプス・カール**（p.24 参照）
姿 勢
・立位で脚を肩幅に開き，背すじを伸ばす
・肘を伸ばし，上腕は床に垂直に保持する
動 作
①バーベルはアンダー・グリップで握り，大腿部前面に位置させる
②前胸部にシャフトがくるまで肘を屈曲する

12. 全身のサーキットトレーニング2

第Ⅲ章　12．全身のサーキットトレーニング2

① **スナッチ**（p.57 参照）
　姿　勢
　・立位で脚を肩幅に開き，つま先はやや外側に開く
　・膝を曲げ背すじを伸ばし，前傾して両腕を垂直に下ろしバーベルを握る
　動　作
　①バーベルはオーバーグリップで，肩幅は他の種目よりかなり広く握る
　②（ファーストプル）股関節と膝関節を伸展させ，床からバーベルを引き上げる
　③（スクープ）バーベルが膝を通過したら股関節を前方へ出し，膝をバーベルの下に入れる
　④（セカンドプル）股関節，膝関節，足関節を伸展させ，バーベルは体幹に沿って引き上げ，両肩を引き上げる
　⑤（キャッチ）バーベルが最高点に達したらバーベルの下にクォータースクワットの姿勢で低くなる
　⑥そのとき，肘関節を完全伸展位にし，頭上高位置で受け止め，ゆっくり立ち上がる

② **プッシュ・プレス**（p.55 参照）
　姿　勢
　・立位で脚を肩幅に開き，背すじを伸ばす
　・バーベルを三角筋部と鎖骨部で支え，視線は水平線をみる
　動　作
　①バーベルはオーバー・グリップで，肩幅より広く握る
　②素早く股関節，膝関節を屈曲してから伸展（ジャンプ）する
　③バーベルが一番高い位置にきたら頭の上へ押し上げる

③ **ランジ・ジャンプ**（p.69 参照）
　姿　勢
　・立位でランジの姿勢をとり，両腕は下垂する
　・背中を伸ばし，視線は水平線をみる
　動　作
　①上方へジャンプし，そのまま同じ姿勢で着地する

④ **アップライト・ロウ**（p.34 参照）
　姿　勢
　・立位で脚を肩幅に開き，背すじを伸ばす
　・肘を伸ばし，大腿部前面にバーベルを保持する

　動　作
　①バーベルはオーバー・グリップで肩幅より狭く握る
　②腹部，胸部に沿って胸上部まで引き上げる

⑤ **スティフ・レッグ・デッド・リフト**
　（p.44 参照）
　姿　勢
　・立位で脚を肩幅に開き．膝を軽く曲げ，上体が床面と水平にする
　・膝を軽く曲げ，両腕を垂直に下ろしバーベルを握る
　動　作
　①バーベルはオーバー・グリップで握る
　②直立姿勢になるように，引き起こす

⑥ **ラテラル・レイズ**（p.35 参照）
　姿　勢
　・立位で脚を肩幅に開き，背すじを伸ばす
　・肘を伸ばし，手は中間位で大腿部側面に保持する
　動　作
　①ダンベルをオーバー・グリップで握る
　②腕が水平になるように，肩の高さまで持ち上げる

⑦ **サイド・ランジ**（p.51 参照）
　姿　勢
　・立位で脚をそろえて，背すじを伸ばす
　・肩にバーベルを担ぎ，視線は水平線をみる
　動　作
　①バーベルはオーバー・グリップで握る
　②横方向に片方の脚を振り出し，大腿部が床と平行になるまで膝を曲げる

⑧ **サイド・ベント**（p.45 参照）
　姿　勢
　・立位で脚を肩幅に開き，片方の手を頭の後ろに添える
　・他方の手を体幹に沿い，手は中間位でダンベルを握る
　動　作
　①ダンベルはオーバー・グリップで握る
　②頭に手を添えた方向（側方）に上体を倒す

13. 上肢のサーキットトレーニング

① **インクライン・ベンチ・プレス**（p.39 参照）
姿　勢
・ベンチに仰向けになり頭部，背中，腰，足は常にベンチにつける
・バーベルは胸の乳首の位置まで下ろし，手首はまっすぐ固定し肘の上に位置する
動　作
①バーベルはオーバー・グリップで肩幅より広く握る
②肘が完全に伸展するまでバーベルを押し上げる

② **ベント・オーバー・ラテラル・レイズ**（p.42 参照）
姿　勢
・立位で脚を肩幅に開き膝を軽く曲げ，背すじを伸ばす
・上体を前傾させ，腕は床に垂直に下ろし，視線は斜め前をみる
動　作
①ダンベルはオーバー・グリップで握る
②両腕が床に水平になるまで引き上げる

③ **コンセントレーション・カール**（p.25 参照）
姿　勢
・背すじを伸ばし，上体を前傾させる
・肘を台につけ固定する
動　作
①バーベルはアンダー・グリップで握り，台上に位置させる
②前胸部にシャフトがくるまで肘を屈曲する

④ **ベント・アーム・プルオーバー**（p.30 参照）
姿　勢
・ベンチに仰向けになり足を乗せ，両腕を頭上へ上げる
・肘を曲げ，両上腕は平行になるように保持する
動　作
①バーベルはオーバー・グリップで握る
②上腕を体側方向へバーベルが直上まで屈曲させる

⑤ **ショルダー・シュラッグ**（p.36 参照）
姿　勢
・立位で脚を肩幅に開き，背すじを伸ばす
・肘を伸ばし，大腿部前面にバーベルを保持する

動　作
①バーベルはオーバー・グリップで肩幅より広く握る
②両肩を両耳に付けるように引き上げる

⑥ **フォワード・レイズ**（p.33 参照）
姿　勢
・立位で脚を肩幅に開き，背すじを伸ばす
・肘を伸ばし，上腕は床に垂直にする
動　作
①バーベルはオーバー・グリップで握り，肩幅か広めにする
②腕が水平位になるまで持ち上げる

⑦ **リスト・カール**（p.18 参照）
姿　勢
・椅子の端に背すじを伸ばして座り，やや前傾する
・前腕を大腿部に置き，手が膝からでるように位置する
動　作
①手首を伸展させ，バーベルをアンダー・グリップで軽く握る
②指，手首の順に屈曲させる

⑧ **リスト・エクステンション**（p.19 参照）
姿　勢
・ベンチの端に背すじを伸ばして座り，やや前傾する
・前腕を大腿部に置き，手が膝からでるように位置する
動　作
①バーベルをオーバー・グリップで握り，手首を床に向かって屈曲させる
②手首を伸展させ，バーベルを持ち上げる

14. 下肢のサーキットトレーニング

① **フライング・スプリット**（p.50 参照）
姿 勢
・立位で片方の脚を前方に出す
・大腿部が床と平行になるまで膝を曲げ，足より前にでない
動 作
①肩にバーベルを担ぎ，オーバー・グリップでバーベルを握る
②上方にジャンプして前方の脚と後方の脚を置き換える

② **カーフ・レイズ**（p.53 参照）
姿 勢
・立位で脚を肩幅に開き，背すじを伸ばす
・肩にバーベルを担ぎ，視線は水平線をみる
動 作
①バーベルはオーバー・グリップで握る
②踵を高く上げ，つま先立ちをする

③ **フロント・スクワット**（p.47 参照）
姿 勢
・立位で脚を肩幅に開き，つま先は前方もしくは若干外側に向ける
・肩にバーベルを担ぎ，視線は水平線をみる
動 作
①バーベルはオーバー・グリップで握る
②大腿部が床と平行になるまで腰を下ろす

④ **サイド・ランジ**（p.51 参照）
姿 勢
・立位で脚をそろえて，背すじを伸ばす
・肩にバーベルを担ぎ，視線は水平線をみる
動 作
①バーベルはオーバー・グリップで握る
②横方向に片方の脚を振り出し，大腿部が床と平行になるまで膝を曲げる

⑤ **デッド・リフト**（p.48 参照）
姿 勢
・立位で脚を肩幅に開き，膝を曲げ，つま先は前方もしくは若干外側に向ける
・膝を曲げ背すじを伸ばし前傾し，手を垂直に下ろし，グリップは肩幅より広くしてバーベルを握る
動 作
①バーベルはオーバー・グリップで握る
②バーベルが体幹に沿うように直立する

⑥ **ヒップ・ローリング**（p.59 参照）
姿 勢
・床の上に仰臥し，股関節と膝関節を屈曲する
・両腕は体側に沿わせ，床を押さえる
動 作
①殿部と腰部を床から浮かせる
② 10～30 秒静止，もしくは浮かせた状態で小刻みに収縮させる

⑦ **（チューブを利用した）ニー・プル**（p.65 参照）
姿 勢
・床の上に仰臥し，股関節と膝関節をそれぞれ 90 度屈曲する
・足関節部にチューブを固定し，両腕は体側に沿わせ，床を押さえる
動 作
①膝関節を胸まで引きつける

⑧ **（チューブを利用した）ヒップ・エクステンション**（p.68 参照）
姿 勢
・床の上に仰臥し，股関節と膝関節をそれぞれ最大屈曲位にする
・膝関節部にチューブを固定し，両腕は体側に沿わせ，床を押さえる
動 作
①膝関節と股関節を同時に伸展させる

15. 体幹のサーキットトレーニング

① スティフ・レッグ・デッド・リフト
(p.44 参照)

姿 勢
- 立位で脚を肩幅に開き，膝を軽く曲げ，上体を床面と水平にする
- 膝を軽く曲げ，両腕を垂直に下ろしバーベルを握る

動 作
① バーベルはオーバー・グリップで握る
② 直立姿勢になるように引き起こす

② サイド・ベント (p.45 参照)

姿 勢
- 立位で脚を肩幅に開き，片方の手を頭の後ろに添える
- 他方の手を体幹に沿い，手は中間位でダンベルを握る

動 作
① ダンベルはオーバー・グリップで握る
② 頭に手を添えた方向（側方）に上体を倒す

③ ヒップ・アブドミナル・ローリング
(p.62 参照)

姿 勢
- 床の上に仰臥し，股関節と膝関節を屈曲する
- 手は頭の下に組み，肘関節を立てる

動 作
① 殿部と腰部を床から浮かせ，両肘関節を膝につける
② 10～30秒静止もしくは小刻みに肘関節を膝関節にタッチさせる

④ ベント・オーバー (p.43 参照)

姿 勢
- 立位で脚を肩幅に開き，背すじを伸ばす
- 肩にバーベルを担ぎ，視線は水平線をみる

動 作
① バーベルはオーバー・グリップで握る
② 上体が床に水平になるまで倒す

⑤ ヒップ・アブドミナル・ローリング・ツイスト (p.63 参照)

姿 勢
- 床の上に仰臥し，股関節と膝関節を屈曲する
- 手は頭の下に組み，肘関節を立てる

動 作
① 殿部と腰部を床から浮かせ，片方の肘関節を対角の膝関節に付ける
② 10～30秒静止もしくは浮かせた状態で小刻みに肘関節を膝関節にタッチさせる

⑥ ヒップ・アップ (p.67 参照)

姿 勢
- 床の上に仰臥し，片方の足関節を他方の膝関節の上方に位置させる
- 両手は頭の後ろに組む

動 作
① 殿部と腰部を床から浮かせる

⑦ バランスボールを利用したニー・プル
(p.66 参照)

姿 勢
- 腕立ての姿勢をとり，膝関節をバランスボールに乗せる

動 作
① ボールを転がし，膝関節が胸につくまで引き寄せる

⑧ （チューブを利用した）ヒップ・エクステンション (p.68 参照)

姿 勢
- 床の上に仰臥し，股関節と膝関節をそれぞれ最大屈曲位にする
- 膝関節部にチューブを固定し，両腕は体側に沿わせ，床を押さえる

動 作
① 膝関節と股関節を同時に伸展させる

16. 陸上競技（短距離）

第Ⅲ章　16．陸上競技（短距離）　　83

①に戻る

トレーニング種目	筋群	動作
① フラット・ベンチ・プレス	大胸筋, 上腕三頭筋, 三角筋	疾走時の腕の振り
② ベント・オーバー	広背筋, 脊柱起立筋, 大殿筋	疾走時の中心移動
③ ベント・オーバー・ロウ	三角筋, 僧帽筋, 脊柱起立筋, 上腕二頭筋	疾走時の腕と中心移動
④ カーフ・レイズ	腓腹筋, ヒラメ筋, 長腓骨筋	疾走やジャンプ時の下肢の最終動作である下腿の足関節の動作
⑤ スクワット	大腿四頭筋, 大腿二頭筋, 大殿筋	疾走時の下肢のロウリング
⑥ パワー・クリーン	大腿四頭筋, 大腿二頭筋, 大殿筋, 腓腹筋, 三角筋 僧帽筋, 脊柱起立筋, 上腕三頭筋	スタート時や瞬間的に全身のパワーを発揮する動作時の強化
⑦ ヒップ・ローリング	腹直筋, 腸腰筋, 大腿直筋	疾走時の下肢の前方動作や中心移動時に必要な筋力
⑧ ランジ・ジャンプ	大殿筋, 大腿四頭筋, 大腿二頭筋	疾走時の下肢の前後動作の動的パフォーマンスの強化
⑨ ヒップ・アブドミナル・ローリング・ツイスト	腹直筋, 腸腰筋, 大腿直筋, 内・外腹斜筋	疾走時の下肢の前方動作や中心移動時に必要な筋力
⑩ スラスト	大殿筋, 大腿四頭筋, 大腿二頭筋, 腹直筋	疾走時の下肢のロウリングと動的柔軟性の強化
⑪（チューブを利用した）ニー・プル	大殿筋, 大腿直筋, 腹直筋	疾走時の下肢のロウリングとバランス
⑫（バランスボールを利用した）ニー・プル	大殿筋, 大腿直筋, 腹直筋, 三角筋	全身のバランス強化

競技種目	運動量 （1回の疾走時間） 単位（秒）	無酸素/有酸素運動の割合 トレーニングを行なう場合	無酸素/有酸素運動の割合 試合を想定した場合
100m	10～14	無酸素90%／有酸素10%	無酸素100%／有酸素0%
200m	20～30	無酸素90%／有酸素10%	無酸素100%／有酸素0%
400m	45～70	無酸素70～80%／有酸素20～30%	無酸素90%／有酸素10%
100mH・110mH	12～20	無酸素90%／有酸素10%	無酸素100%／有酸素0%

有酸素運動の目安として（具体的な例として）

● 100m, 200m, 100mH, 110mH の場合
　シーズン期 ⇒ 有酸素運動はほとんど行なわない．
　強化期　 ⇒ 3～5kmのクロスカントリーを週に1回程度の頻度で行なう．

● 400m の場合
　シーズン期 ⇒ 有酸素運動はほとんど行なわない．
　強化期　 ⇒ 1,000mを5～7分程度「インターバル式」
　　　　　　　3～5kmのクロスカントリーを週に1～2回程度の頻度で行なう．

無酸素運動の目安として（具体的な例として）

● 100m, 200m, 100mH, 110mH の場合
　シーズン期 ⇒ スタートを中心とした技術（距離：5～20m）．
　強化期　 ⇒ ウェイトやジャンプ系などのハイパワー中心．

● 400m の場合
　シーズン期 ⇒ ほとんどが200～300mの乳酸性のトレーニング中心．
　強化期　 ⇒ 200m～300mに加え，500m～600m前後の距離も行なう．

大学運動部を対象とした技術，体力，気力の割合の調査結果

[短距離　女子]
準備期 ⇒技術40%＋体力40%＋気力20%＝100%
鍛錬期 ⇒技術20%＋体力60%＋気力20%＝100%
仕上げ期⇒技術25%＋体力25%＋気力50%＝100%
試合期 ⇒技術25%＋体力25%＋気力50%＝100%

★ POINT
ウェイトトレーニングの負荷とセット数
負荷は成人にあわせているので中学生は
60%を目安に行なう．

トレーニングの初期段階
60%で10～12回　2セット
70%で8～10回　2セット
80%で6～8回　2セット

トレーニングに慣れてきたら
70%で8～10回　2セット
80%で6～8回　2セット
95%で2～3回　2セット

17. 陸上競技（中距離）

トレーニング種目	筋群	動作
① フラット・ベンチ・プレス	大胸筋,上腕三頭筋,三角筋	走行時の腕の振り,スピード維持
② ベント・オーバー	広背筋,脊柱起立筋,大殿筋	走行時の腕の振りと中心移動
③ カーフ・レイズ	腓腹筋,ヒラメ筋,長腓骨筋	高速の走行時スピード維持を目的とした足関節のロウリング動作
④ レッグ・ランジ	大腿四頭筋,大腿二頭筋,大殿筋	走行時の下肢のロウリング
⑤ スクワット	大腿四頭筋,大腿二頭筋,大殿筋	走行時の下肢のロウリング動作に必要な筋力強化
⑥ プッシュ・プレス	外側広筋,大腿二頭筋,大殿筋,腓腹筋,三角筋,僧帽筋,上腕三頭筋	走行時のスピード維持に必要な全身のバランス強化
⑦ ランジ・ジャンプ	大腿四頭筋,大腿二頭筋,大殿筋	走行時の下肢の回転の強化
⑧ パワー・クリーン	大腿四頭筋,大腿二頭筋,大殿筋,腓腹筋,三角筋,僧帽筋,脊柱起立筋,上腕三頭筋	全身の筋力バランス強化

競技種目	運動量 （1回の走行時間）	無酸素/有酸素運動の割合 トレーニングを行なう場合	無酸素/有酸素運動の割合 試合を想定した場合
800m	1分45秒～2分30秒	無酸素30～40％／有酸素60～70％	無酸素50％／有酸素50％
1,500m	3分45秒～4分50秒	無酸素20～30％／有酸素70～80％	無酸素30％／有酸素70％
3,000m	7分45秒～8分50秒	無酸素10～20％／有酸素80～90％	無酸素20％／有酸素80％

有酸素運動の目安として（具体的な例として）
- 800m,1,500mの場合
    シーズン期 ⇒ 500m～800mの距離に設定し、70～80％強度のインターバル方式．
    強化期　　 ⇒ 500m前後のスピード練習と1,000m以上の距離に於ける維持力強化．
- 3,000mの場合
    シーズン期 ⇒ 800m～1,000mのスピード持続力の強化（80％強度前後）．
    強化期　　 ⇒ 1,000mを5～7分程度「インターバル式」．
             　　 1～3kmの距離走（60％強度前後）．

無酸素運動の目安として（具体的な例として）
- 800m,1,500m,3,000mの共通
    シーズン期や強化期の関係なく，週1～2回程の頻度で行なう．

    シーズン期 ⇒ 200～300mの乳酸性のトレーニング中心（スピード練習）．
    強化期　　 ⇒ 200m～300mに加え，500m～600m前後の距離も行なう（持続力）．

大学運動部を対象とした技術，体力，気力の割合の調査結果
［中距離　男子］
準備期　⇒技術40％＋体力50％＋気力10％＝100％
鍛錬期　⇒技術20％＋体力50％＋気力30％＝100％
仕上げ期⇒技術40％＋体力50％＋気力10％＝100％
試合期　⇒技術33.3％＋体力33.3％＋気力33.3％＝100％

［中距離　女子］
準備期　⇒技術20％＋体力50％＋気力30％＝100％
鍛錬期　⇒技術 0％＋体力50％＋気力50％＝100％
仕上げ期⇒技術 0％＋体力40％＋気力60％＝100％
試合期　⇒技術 0％＋体力30％＋気力70％＝100％

> ★POINT
> ウェイトトレーニングの負荷とセット数
> 負荷は成人にあわせているので中学生は
> 60％を目安に行なう．
>
> トレーニングの初期段階
> 60％で10～12回　2セット
> 70％で8～10回　 2セット
> 80％で6～8回　　2セット
>
> トレーニングに慣れてきたら
> 70％で8～10回　 2セット
> 80％で6～8回　　2セット
> 95％で2～3回　　2セット

18. 陸上競技（長距離）

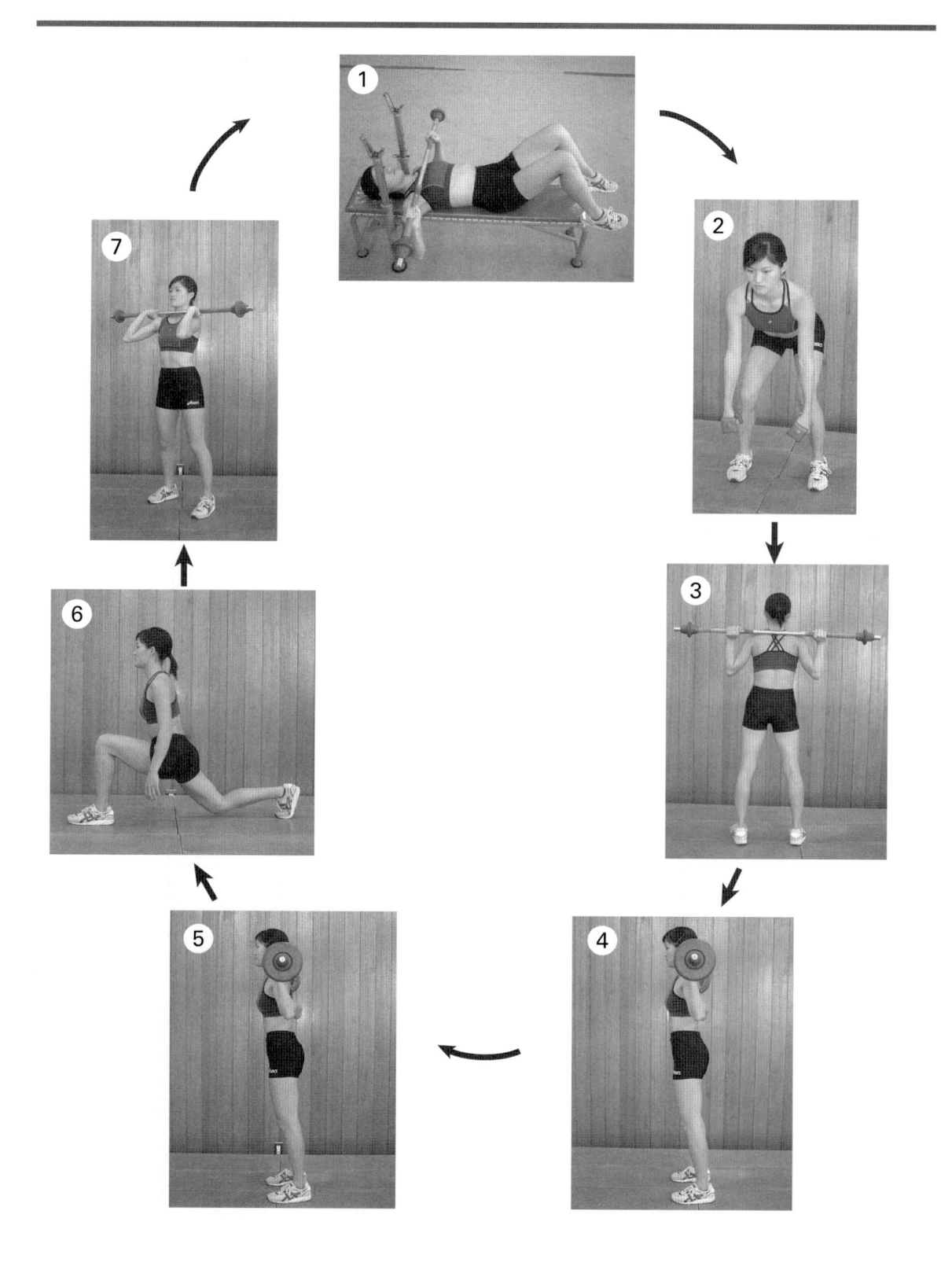

トレーニング種目	筋群	動作
① フラット・ベンチ・プレス	大胸筋, 上腕三頭筋, 三角筋	走行時の腕の振り, スピード維持
② ベント・オーバー・ラテラル・レイズ	広背筋, 僧帽筋, 三角筋 脊柱起立筋, 大殿筋, 上腕二・三頭筋	走行時の腕の振りと中心運動に必要な筋力強化
③ カーフ・レイズ	腓腹筋, ヒラメ筋, 長腓骨筋	高速の走行時スピード維持を目的とした足関節のロウリング動作
④ スクワット	大腿四頭筋, 大腿二頭筋, 大殿筋	走行時に必要な下肢の筋力強化
⑥ ランジ・ジャンプ	大殿筋, 大腿四頭筋, 大腿二頭筋	走行時の下肢の回転の強化
⑦ プッシュ・プレス	外側広筋, 大腿二頭筋, 大殿筋, 腓腹筋, 三角筋, 僧帽筋 上腕三頭筋	走行時のスピード維持に必要な全身のバランス強化

競技種目	運動量 (1回の走行時間)	無酸素/有酸素運動の割合 トレーニングを行なう場合	無酸素/有酸素運動の割合 試合を想定した場合
5,000m	13分～15分	無酸素10～20%／有酸素80～90%	無酸素5%／有酸素95%
10,000m	27分～30分	無酸素10%／有酸素90%	無酸素0%／有酸素100%
20,000m	57分～1時間10分	無酸素0%／有酸素100%	無酸素0%／有酸素100%
マラソン	2時間～3時間	無酸素0%／有酸素100%	無酸素0%／有酸素100%

大学運動部を対象とした技術, 体力, 気力の割合の調査結果

[長距離・駅伝 男子]
準備期 ⇒技術30%＋体力50%＋気力20%＝100%
鍛錬期 ⇒技術10%＋体力45%＋気力45%＝100%
仕上げ期⇒技術40%＋体力30%＋気力30%＝100%
試合期 ⇒技術60%＋体力20%＋気力20%＝100%

大学運動部を対象とした技術, 体力, 気力の割合の調査結果

[長距離 女子]
準備期 ⇒技術20%＋体力40%＋気力40%＝100%
鍛錬期 ⇒技術10%＋体力45%＋気力45%＝100%
仕上げ期⇒技術20%＋体力40%＋気力40%＝100%
試合期 ⇒技術33.3%＋体力33.3%＋気力33.3%＝100%

★POINT
ウェイトトレーニングの負荷とセット数
負荷は成人にあわせているので中学生は60%を目安に行なう.

トレーニングの初期段階
60%で10～12回　2セット
70%で8～10回　2セット
80%で6～8回　2セット

トレーニングに慣れてきたら
70%で8～10回　2セット
80%で6～8回　2セット
95%で2～3回　2セット

19. 陸上競技（跳躍）

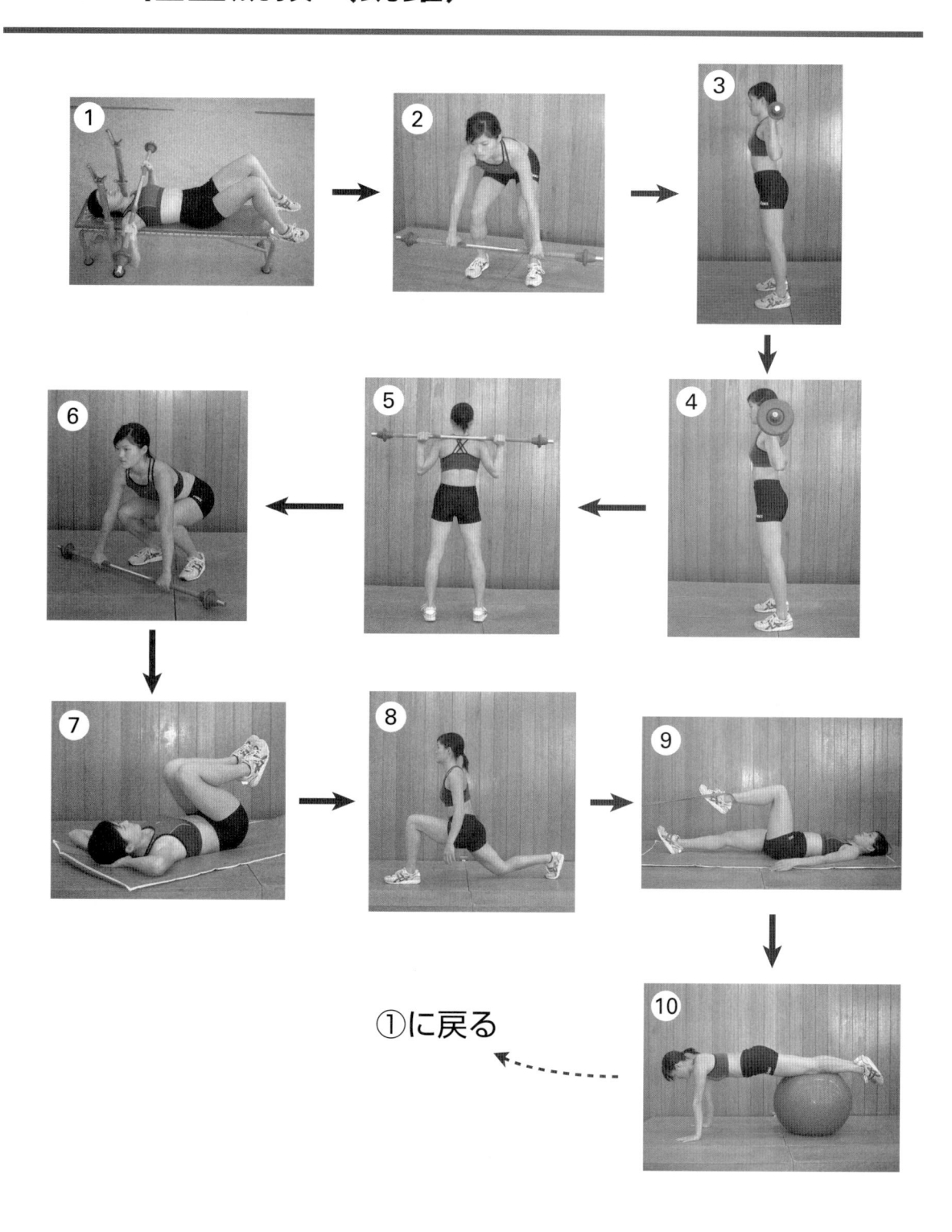

①に戻る

トレーニング種目	筋群	動作
① フラット・ベンチ・プレス	大胸筋,上腕三頭筋,三角筋	疾走時の腕の振りに必要な筋力強化
② ベント・オーバー・ロウ	三角筋,僧帽筋,脊柱起立筋,上腕二頭筋	疾走時の腕振り動作と中心移動に必要な筋力強化
③ ベント・オーバー	広背筋,脊柱起立筋,大殿筋	疾走時の中心移動
④ スクワット	大腿四頭筋,大腿二頭筋,大殿筋	疾走時の下肢のロウリング
⑤ カーフ・レイズ	腓腹筋,ヒラメ筋,長腓骨筋	疾走やジャンプ時の下肢の最終動作である下腿の足関節の動作
⑥ パワー・クリーン	大腿四頭筋,大腿二頭筋,大殿筋,腓腹筋,三角筋,僧帽筋,脊柱起立筋,上腕三頭筋	スタート時や瞬間的に全身のパワーを発揮する動作時の強化
⑦ ヒップ・アブドミナル・ローリング・ツイスト	腹直筋,腸腰筋,大腿直筋,内・外腹斜筋	疾走時の下肢の前方動作や中心移動時に必要な筋力
⑧ ランジ・ジャンプ	大殿筋,大腿四頭筋,大腿二頭筋	疾走時の下肢の前後動作の動的パフォーマンスの強化
⑨ (チューブを利用した) ニー・プル	大殿筋,大腿直筋,腹直筋	疾走時の下肢のロウリングとバランス
⑩ (バランスボールを利用した) ニー・プル	大殿筋,大腿直筋,腹直筋,三角筋	全身のバランス強化

競技種目	運動量		無酸素/有酸素運動の割合 トレーニングを行なう場合	無酸素/有酸素運動の割合 試合を想定した場合
	(助走距離) 単位 (m)	(助走時間) 単位 (秒)		
走り幅跳び	30〜45	5〜7	無酸素90%／有酸素10%	無酸素100%／有酸素0%
走り高跳び	20〜25	3〜5	無酸素90%／有酸素10%	無酸素100%／有酸素0%
三段跳び	25〜35	5〜6	無酸素90%／有酸素10%	無酸素100%／有酸素0%
棒高跳び	25〜35	5〜7	無酸素90%／有酸素10%	無酸素100%／有酸素0%
混成競技：男子（十種競技），女子（七種競技）			無酸素70〜80%／有酸素20〜30%	無酸素85%／有酸素15%

有酸素運動の目安として（具体的な例として）
- 例1
  - シーズン期 ⇒ なし．
  - 強化期 ⇒ 1,000mを4〜7分程度「インターバル式」．
- 例2
  - シーズン期 ⇒ なし．
  - 強化期 ⇒ 800m〜1,500mを3〜6分程度．

無酸素運動の目安として（具体的な例として）
- 例1
  - シーズン期 ⇒ 50〜100mの距離を設定し，コーナーを利用した加速走（80〜90%）．
  - 強化期 ⇒ ウェイトやジャンプ系のトレーニング．
- 例2
  - シーズン期 ⇒ 助走距離を基準に設定した加速走などを中心（90%）．
  - 強化期 ⇒ ウェイトやジャンプ系のトレーニング．

大学運動部を対象とした技術，体力，気力の割合の調査結果

[走り高跳び　男子]
- 準備期 ⇒技術30%＋体力60%＋気力10%＝100%
- 鍛錬期 ⇒技術40%＋体力50%＋気力10%＝100%
- 仕上げ期⇒技術40%＋体力40%＋気力20%＝100%
- 試合期 ⇒技術50%＋体力20%＋気力30%＝100%

[三段跳び　男子]
- 準備期 ⇒技術10%＋体力80%＋気力10%＝100%
- 鍛錬期 ⇒技術20%＋体力70%＋気力10%＝100%
- 仕上げ期⇒技術70%＋体力20%＋気力10%＝100%
- 試合期 ⇒技術50%＋体力20%＋気力30%＝100%

★POINT
ウェイトトレーニングの負荷とセット数
負荷は成人にあわせているので中学生は60%を目安に行なう．

トレーニングの初期段階
60%で10〜12回　2セット
70%で8〜10回　2セット
80%で6〜8回　2セット

トレーニングに慣れてきたら
70%で8〜10回　2セット
80%で6〜8回　2セット
95%で2〜3回　2セット

20. 水　泳

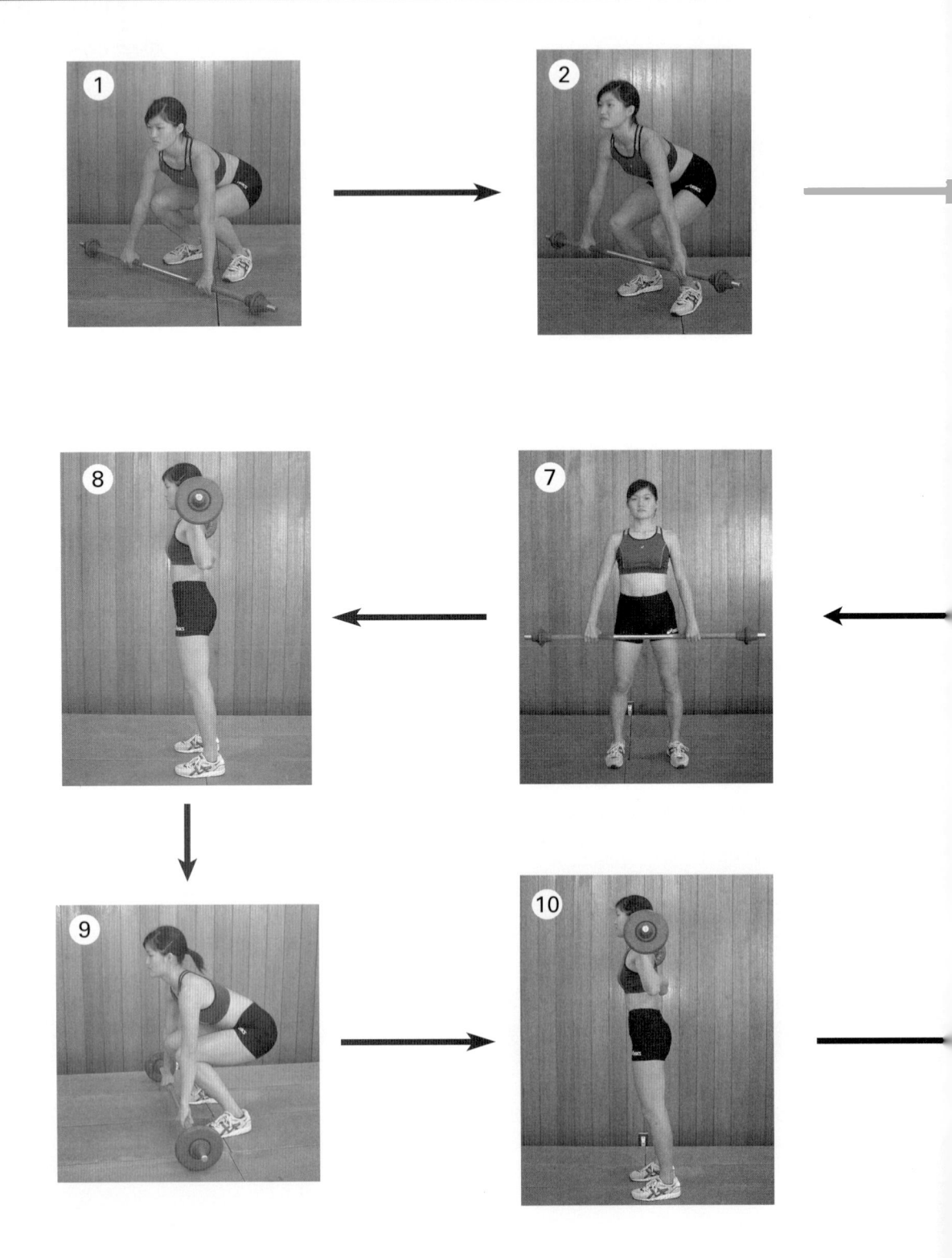

第Ⅲ章　20. 水　泳　　95

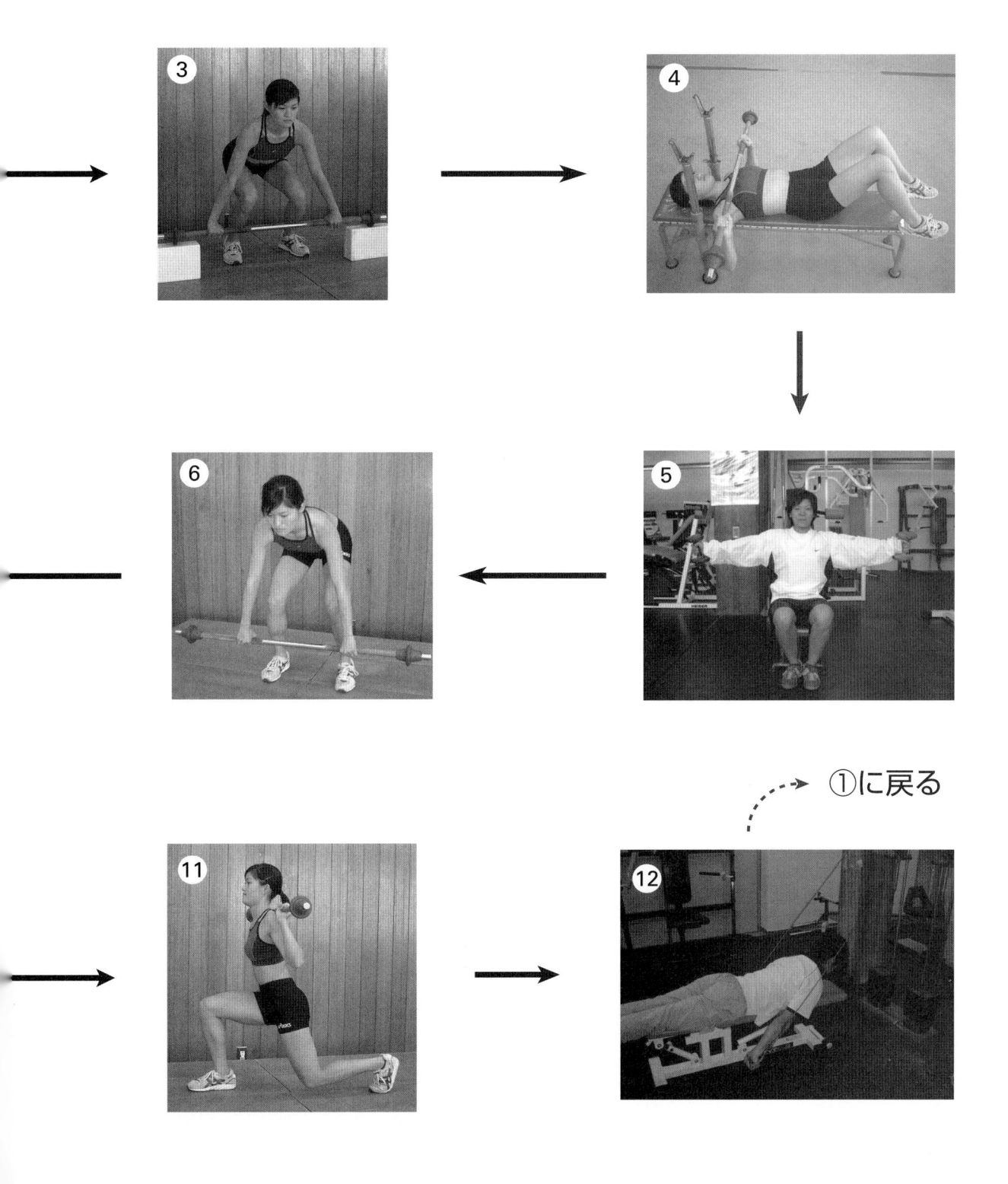

①に戻る

トレーニング種目	筋群	動作
① パワー・クリーン	全身	瞬発的な動作
② スナッチ	全身	瞬発的な動作
③ スプリット・スナッチ	全身	瞬発的な動作の切り替えおよびバランス
④ フラット・ベンチ・プレス	大胸筋,三角筋,上腕三頭筋	上肢および体幹の強化
⑤ ダンベル・フライ	大胸筋,三角筋,烏口腕筋	上肢および体幹の強化
⑥ ベント・オーバー・ロウ	脊柱起立筋,僧帽筋,菱形筋,三角筋,上腕二頭筋,腕橈骨筋	すべての種目,脚の強化
⑦ ショルダー・シュラッグ	僧帽筋,肩甲挙筋,菱形筋	すべての種目,上肢の強化
⑧ スクワット	脊柱起立筋,大殿筋 大腿四頭筋,大腿屈筋群	脚筋力向上のため,スタート,ターン,すべての種目
⑨ デッド・リフト	脊柱起立筋,大殿筋 大腿四頭筋,大腿屈筋群	すべての種目,上肢の強化
⑩ レッグ・ランジ	大殿筋,大腿四頭筋,大腿屈筋群	競泳中の姿勢の安定
⑪ フライング・スプリット	大殿筋,大腿四頭筋,大腿屈筋群	すべての種目,脚の強化
⑫ スイム・ベンチ	有酸素運動	すべての種目,上肢の強化

競技種目	無酸素/有酸素運動の割合 トレーニングを行なう場合	無酸素/有酸素運動の割合 試合を想定した場合
短距離	無酸素70〜80%／有酸素60〜70%	無酸素40〜60%／有酸素60〜70%
長距離	無酸素20〜30%／有酸素60〜100%	無酸素20〜30%／有酸素60〜100%

有酸素運動の目安として（具体的な例として）

● 短距離
　　シーズン期　⇒　有酸素運動は必ず行なう．
　　　強化期　⇒　必ず行なう．

● 長距離
　　シーズン期　⇒　有酸素運動は必ず行なう．
　　　強化期　⇒　必ず行なう．

無酸素運動の目安として（具体的な例として）

● 短距離
　　シーズン期　⇒　有酸素運動よりも多い．
　　　強化期　⇒　週に2〜3回程度．

● 長距離
　　シーズン期　⇒　有酸素運動よりも少ないが行なう．
　　　強化期　⇒　有酸素運動よりも少ないが行なう．

大学運動部を対象とした技術，体力，気力の割合の調査結果

[競泳　女子]
準備期　⇒技術10%＋体力80%＋気力10%＝100%
鍛錬期　⇒技術30%＋体力40%＋気力30%＝100%
仕上げ期⇒技術70%＋体力10%＋気力20%＝100%
試合期　⇒技術40%＋体力10%＋気力50%＝100%

★ POINT
ウェイトトレーニングの負荷とセット数
負荷は成人にあわせているので中学生は
60%を目安に行なう．

トレーニングの初期段階
60%で10〜12回　　2セット
70%で8〜10回　　 2セット
80%で6〜8回　　　2セット

トレーニングに慣れてきたら
70%で8〜10回　　 2セット
80%で6〜8回　　　2セット
95%で2〜3回　　　2セット

21. 体操競技

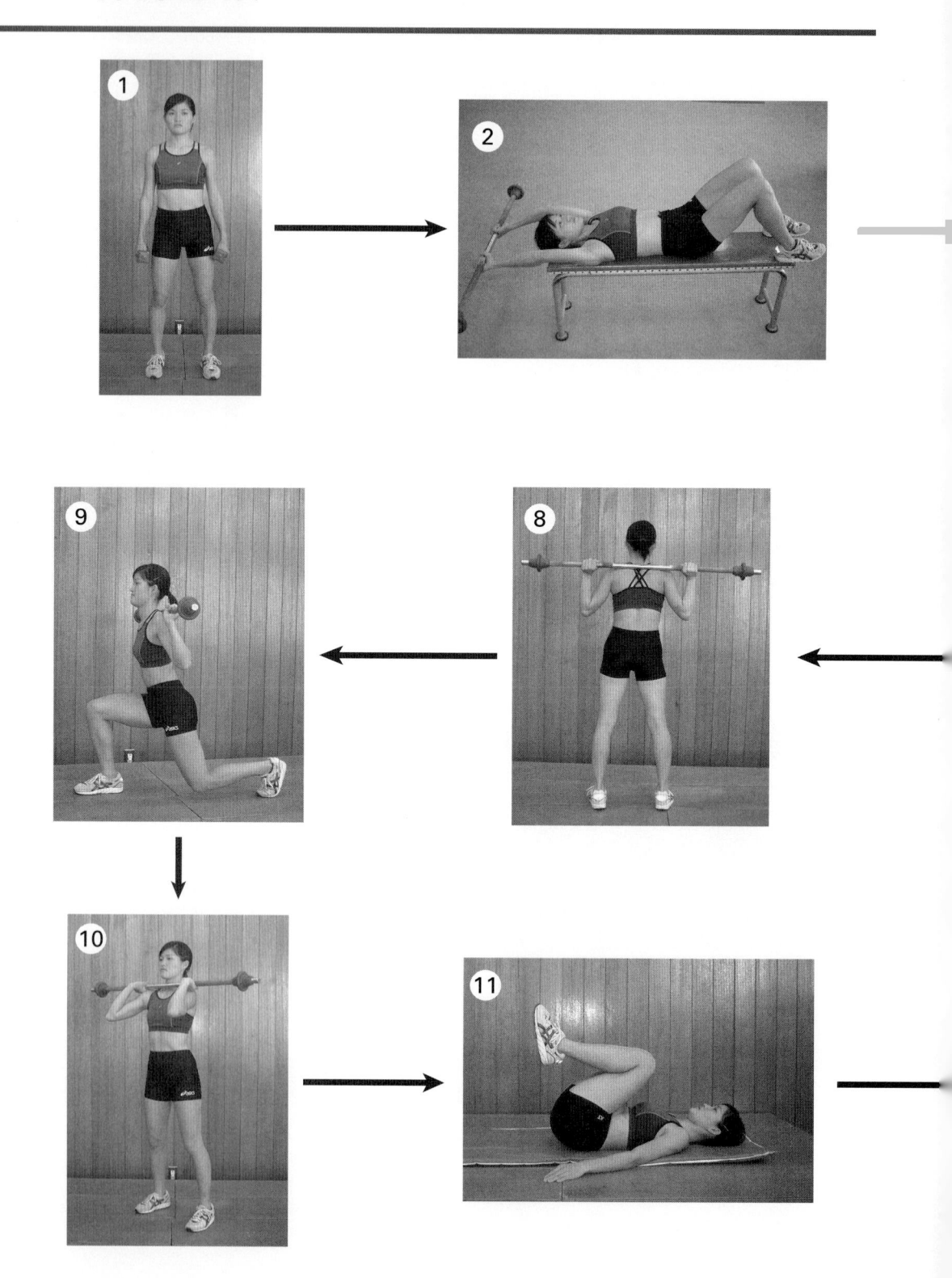

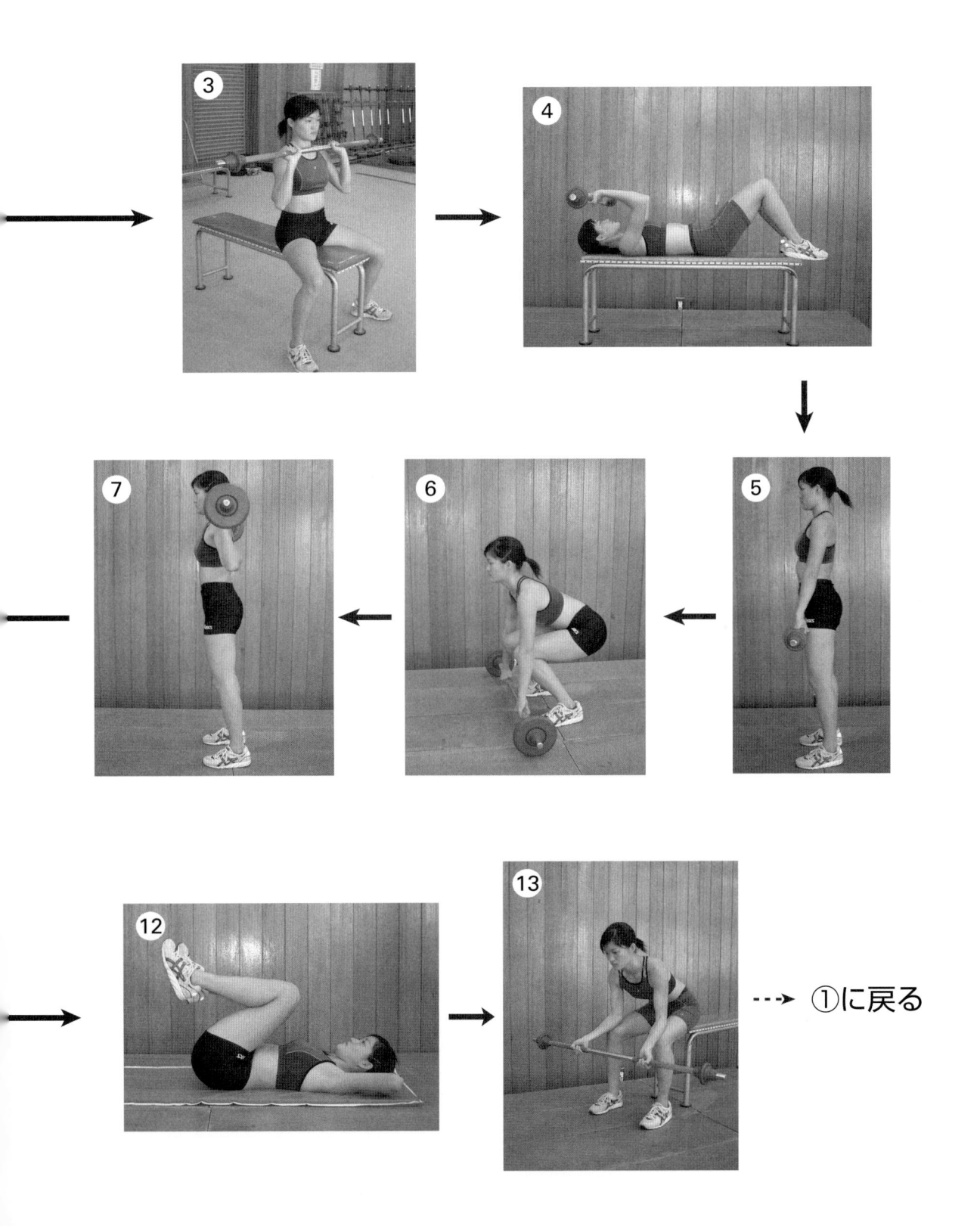

第Ⅲ章　21．体操競技　99

---→ ①に戻る

トレーニング種目	筋 群	動 作
① ラテラル・レイズ	広背筋, 僧帽筋, 三角筋, 大胸筋	つり輪の力静止技（十字懸垂・中水平支持等）
② ストレート・アーム・プルオーバー	大胸筋, 広背筋	つり輪の力静止技（正面水平）
③ シーテッド・ショルダー・プレス	大胸筋, 広背筋, 上腕三頭筋	平行棒・床の脚上脚や脚前脚
④ ライイング・トライセプス・エクステンション	長・短橈側手根伸筋, 上腕三頭筋	各種目における支持力の強化
⑤ フォワード・レイズ	大胸筋, 広背筋, 上腕三頭筋	平行棒・床の脚上脚や脚前脚
⑥ デッド・リフト	大殿筋, 大腿四頭筋, 大腿屈筋群, 脊柱起立筋	ジャンプ力の強化, 各種目の着地の強化
⑦ スクワット	大殿筋, 大腿四頭筋, 大腿屈筋群, 脊柱起立筋	ジャンプ力の強化, 各種目の着地の強化
⑧ カーフ・レイズ	内・外腓筋, ヒラメ筋, 長腓骨筋	床の宙返りの高さ（跳馬の助走のスピードアップ）
⑨ フライング・スプリット	大腿四頭筋, 大腿屈筋群	床の宙返りの高さ（跳馬の助走のスピードアップ）
⑩ プッシュ・プレス	僧帽筋, 大殿筋, 上腕三頭筋	ジャンプ力の強化・支持力の強化
⑪ ヒップ・ローリング	腹直筋, 大腿直筋, 外側広筋	各種目宙返りのかかえ込み姿勢（かかえ込み時のスピードをつける）
⑫ ヒップ・アブドミナル・ローリング	腹直筋, 大腿直筋, 外側広筋	各種目宙返りのかかえ込み姿勢（かかえ込み時のスピードをつける）
⑬ リスト・カール	方形回内筋, 尺側手根屈筋	あん馬（手首の炎症予防）

22. ウェイトリフティング

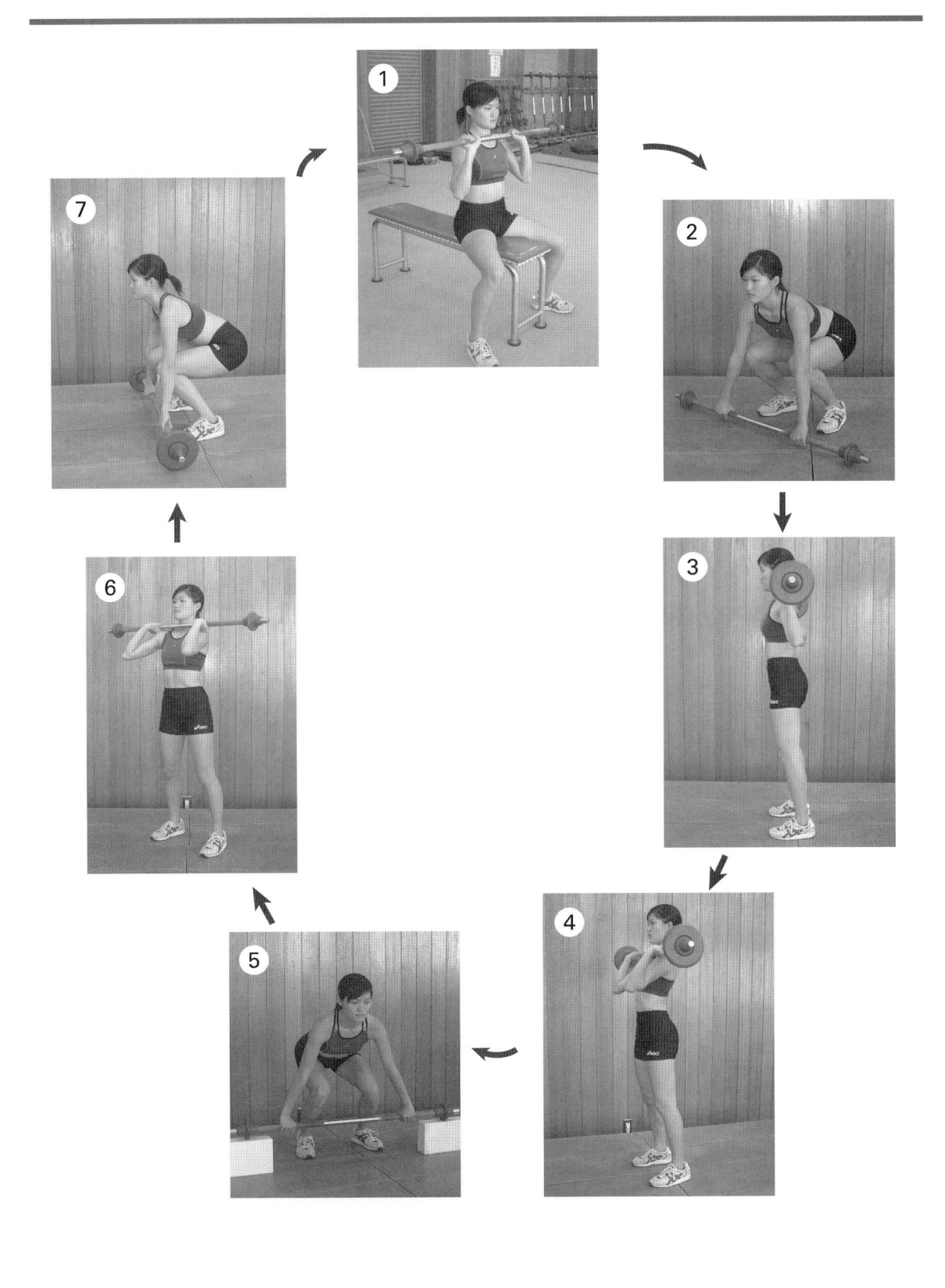

トレーニング種目	筋群	動作
① ショルダー・プレス	三角筋,上腕三頭筋	腕力の強化
② パワー・クリーン	僧帽筋,脊柱起立筋,菱形筋,上腕二頭筋,大腿四頭筋,大殿筋	爆発的な力の強化
③ スクワット	大腿四頭筋,大腿屈筋群,大殿筋	基礎的な脚筋力の強化
④ フロント・スクワット	大腿四頭筋,大腿屈筋群,大殿筋	クリーン動作の強化
⑤ スプリット・スナッチ	僧帽筋,脊柱起立筋,菱形筋,上腕二頭筋,上腕三頭筋,三角筋,大腿四頭筋,大殿筋	爆発的な力の強化
⑥ プッシュ・プレス	僧帽筋,脊柱起立筋,菱形筋,上腕三頭筋,三角筋,大腿四頭筋,大殿筋	爆発的な力の強化
⑦ デッド・リフト	大腿四頭筋,大腿屈筋群,大殿筋	引き動作の強化

競技種目	運動時間単位（秒）	無酸素／有酸素運動の割合 トレーニングを行なう場合	無酸素／有酸素運動の割合 試合を想定した場合
スナッチ	3〜5	無酸素70％／有酸素30％	無酸素100％／有酸素0％
クリーン	3〜5	無酸素70％／有酸素30％	無酸素100％／有酸素0％
ジャーク	2〜4	無酸素70％／有酸素30％	無酸素100％／有酸素0％

有酸素運動の目安として（具体的な例として）
- 中学生
  3,000m走　①13〜15分程度　②20分程度
- 高校生・大学生・成人
  5,000m走　①15〜17分程度　②18〜23分程度

無酸素運動の目安として（具体的な例として）
- 中学生
  400m走　①50〜55秒程度　②60〜65秒程度
- 高校生・大学生・成人
  400m走　①48〜50秒程度　②50〜60秒程度

大学運動部を対象とした技術，体力，気力の割合の調査結果
[ウェイトリフティング　男子]
準備期1 ⇒技術20％＋体力60％＋気力20％＝100％
鍛錬期2 ⇒技術50％＋体力30％＋気力20％＝100％
試合期　⇒技術50％＋体力20％＋気力30％＝100％

★POINT
ウェイトトレーニングの負荷とセット数
負荷は成人にあわせているので中学生は60％を目安に行なう．

トレーニングの初期段階
60％で10〜12回　　2セット
70％で8〜10回　　2セット
80％で6〜8回　　2セット

トレーニングに慣れてきたら
70％で8〜10回　　2セット
80％で6〜8回　　2セット
95％で2〜3回　　2セット

23. レスリング

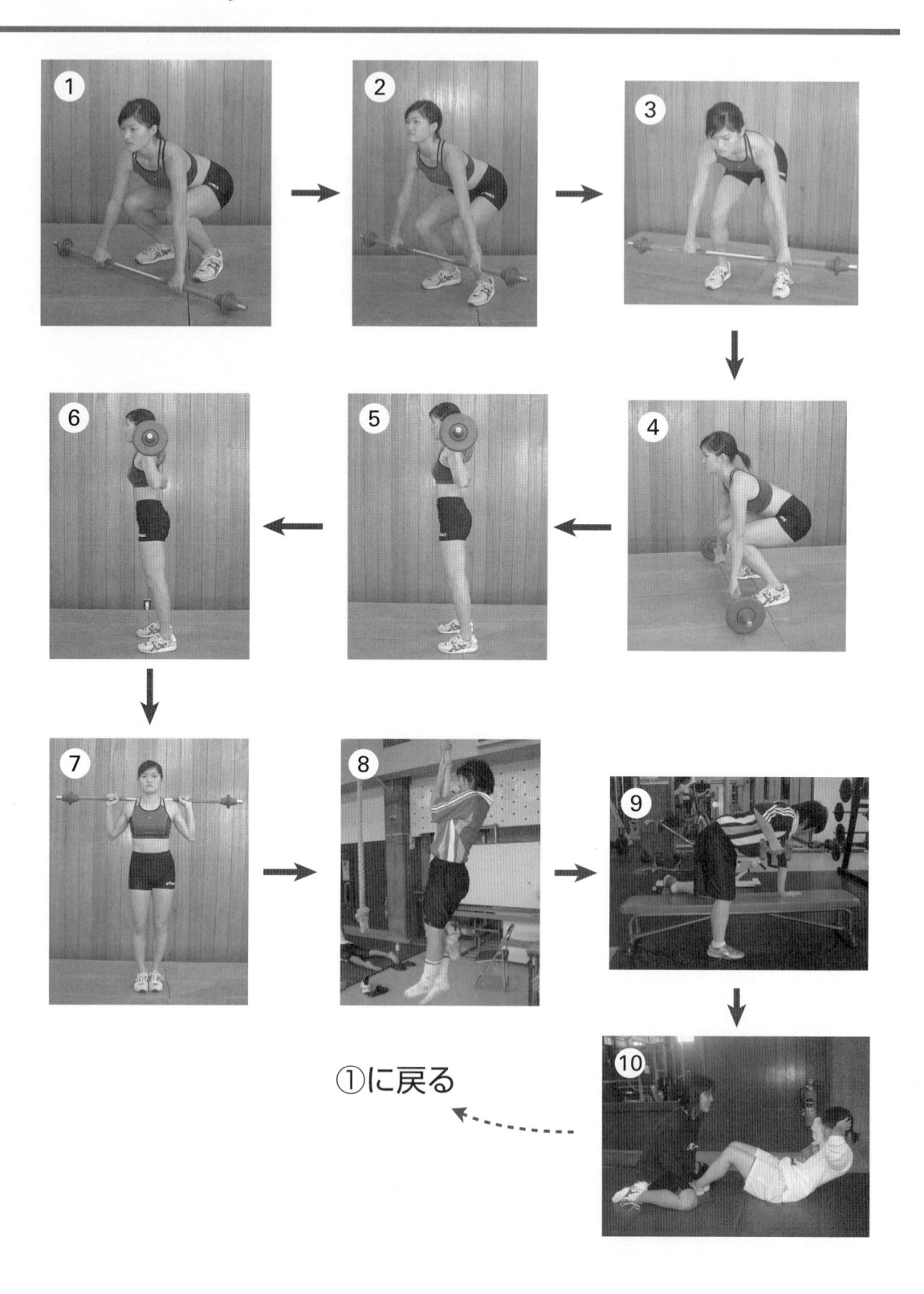

①に戻る

トレーニング種目	筋群	動作
① ハイ・クリーン	大腿四頭筋,大腿屈筋群,大殿筋,下腿三頭筋,僧帽筋	タックルおよびリフト技の強化
② スナッチ	大腿四頭筋,大腿屈筋群,大殿筋,下腿三頭筋,僧帽筋	タックルおよびリフト技の強化
③ ベント・オーバー・ロウ	僧帽筋,脊柱起立筋,菱形筋,上腕二頭筋,腕橈骨筋	ローリングおよびタックルなど相手を引きつける力
④ デッド・リフト	大腿四頭筋,大殿筋,脊柱起立筋群	相手を持ち上げる力
⑤ スクワット	大腿四頭筋,大腿屈筋群,大殿筋	相手を持ち上げる力
⑥ レッグ・ランジ	大腿四頭筋,大腿屈筋群,大殿筋	前後のステップの強化
⑦ サイド・ランジ	外側広筋,大殿筋,大内転筋	左右のステップの強化
⑧ ロープ登り	腕橈骨筋,上腕筋,上腕二頭筋,大円筋,広背筋	相手を引きつける力
⑨ ダンベル・カール	上腕二頭筋,上腕筋,三角筋前部	相手を差し上げる力
⑩ シット・アップ	腹直筋・腸腰筋	体幹の維持

24. 柔 道

第Ⅲ章 24. 柔 道　　107

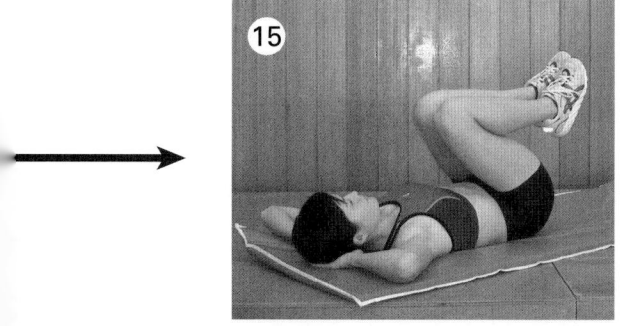

····▶ ①に戻る

トレーニング種目	筋群	動作
① パワー・クリーン	大殿筋,大腿四頭筋,大腿屈筋群,腓腹筋,ヒラメ筋,脊柱起立筋,僧帽筋	全身の爆発力,裏投,内股における下肢による跳ね上げ,背負投における下肢の伸展動作
② スクワット	大殿筋,大腿四頭筋,大腿屈筋群,脊柱起立筋	背負投における下肢の伸展動作
③ デッド・リフト	大殿筋,大腿四頭筋,大腿屈筋群,脊柱起立筋	裏投における相手を持ち上げる動作の初期相,技の受け
④ レッグ・ランジ	大殿筋,大腿四頭筋,大腿屈筋群	相手に崩されたときに下肢の踏み出しによって自らの姿勢を維持する動作
⑤ サイド・ランジ	大殿筋,大内転筋,中殿筋,大腿四頭筋,大腿屈筋群	相手に崩されたときに下肢の踏み出しによって自らの姿勢を維持する動作,体落しの動作
⑥ カーフ・レイズ	腓腹筋,ヒラメ筋,長・短腓骨筋	内股における下肢による跳ね上げ,背負投における下肢の伸展動作
⑦ フラット・ベンチ・プレス	大胸筋,三角筋前部,上腕三頭筋	相手の引き付けに抵抗する動作,寝技で下から押し返す動作
⑧ ベント・オーバー・ロウ	広背筋,菱形筋,僧帽筋,脊柱起立筋,上腕二頭筋	組み手争い全般,技の掛けおよび受けの引き付け動作
⑨ ラテラル・レイズ	三角筋中部,僧帽筋	引き手の動作
⑩ ベント・オーバー・ラテラル・レイズ	三角筋後部,僧帽筋	肩甲帯,および肩関節は引き手に類似した動作となる
⑪ ハンマー・カール	腕橈骨筋,上腕筋,上腕二頭筋,長・短橈側手根伸筋	釣り手の動作
⑫ ダンベル・バックキック	上腕三頭筋,三角筋後部	相手の組み手を切るあるいは落としておく動作,引き手の動作
⑬ リスト・カール	尺側手根屈筋,橈側手根屈筋	組み手争い全般,背負投の釣り手の動作,奥襟をもつ動作
⑭ リスト・エクステンション	尺側手根伸筋,長・短橈側手根伸筋	組み手争い全般,引き手の動作
⑮ ヒップ・アブドミナル・ローリング・ツイスト	腹直筋,腹斜筋群	投技全般における(特に背負投など),体幹の回旋を伴った屈曲

運動時間：5分（試合）「待て」によって中断されながら行なわれる，無酸素性運動主体の間欠的運動といえる．

以上の競技特性を考慮したトレーニングの具体例を以下に示す．

① インターバルトレーニング
　800m×1本，400m×5本，200m×5本，100m×10本
② ランニングによる間欠的トレーニング
　20秒全力疾走，10秒休息×10回×4〜5セット
③ 自転車エルゴメータ（power max）による間欠的トレーニング
　20秒ペダリング，10秒休息×10回×2〜3セット
　負荷は170% $\dot{V}O_2$max で，回転数90rpm＊．最終的にオールアウトするようにする．
④ 上肢エルゴメータによる間欠的トレーニング
　20秒運動，10秒休息×10回×2〜3セット
　負荷は，回転数60rpmで，最終的にオールアウトするようにする．

（Tabata I, et al: Effects of moderate-intensity endurance and high-intensity intermittent training on anaerobic capacity and $\dot{V}O_2$ max. Med Sci Sports Exerc, 28: 1327–1330, 1996）

大学運動部を対象とした技術，体力，気力の割合の調査結果
　［柔道　男子］
　準備期　⇒技術30％＋体力50％＋気力20％＝100％
　鍛錬期　⇒技術50％＋体力30％＋気力20％＝100％
　仕上げ期⇒技術30％＋体力30％＋気力40％＝100％
　試合期　⇒技術20％＋体力20％＋気力60％＝100％

★POINT
ウェイトトレーニングの負荷とセット数
負荷は成人にあわせているので中学生は60％を目安に行なう．

トレーニングの初期段階
60％で10〜12回　2セット
70％で8〜10回　2セット
80％で6〜8回　2セット

トレーニングに慣れてきたら
70％で8〜10回　2セット
80％で6〜8回　2セット
95％で2〜3回　2セット

25. バレーボール

第Ⅲ章 25. バレーボール 111

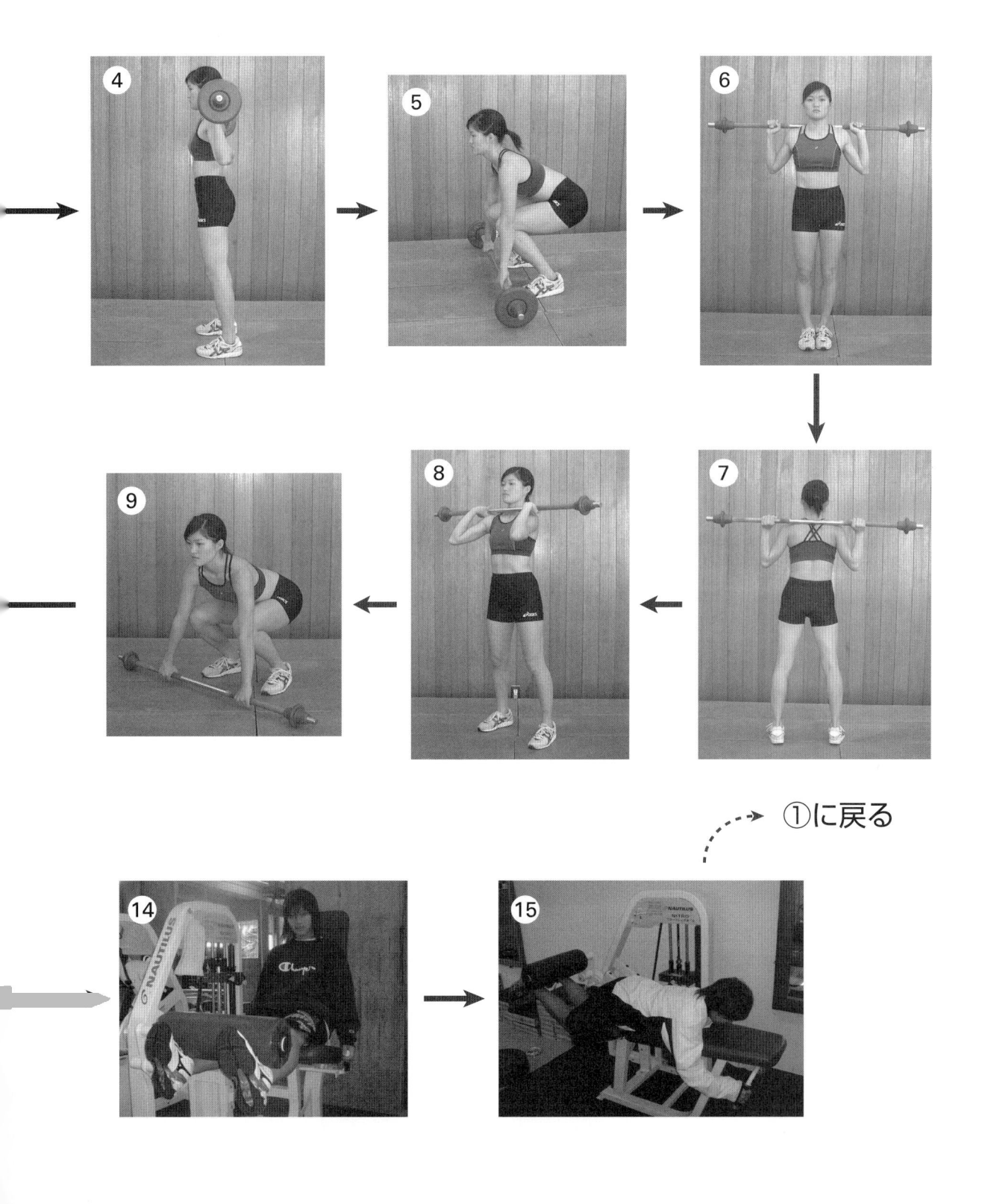

①に戻る

トレーニング種目	筋群	動作
① フラット・ベンチ・プレス	大胸筋,上腕二頭筋	ダイナミックなサーブ・スパイク動作等
② ベント・オーバー・ロウ	僧帽筋,脊柱起立筋,菱形筋,上腕二頭筋,腕橈骨筋	ブロック・スパイクでの姿勢維持(肩甲骨の動きづくり)
③ ベント・オーバー	広背筋,脊柱起立筋,大殿筋	レシーブの姿勢維持およびブロック・スパイクでのジャンプ動作等
④ スクワット	脊柱起立筋,大殿筋,大腿四頭筋,大腿屈筋群	レシーブの姿勢維持およびブロック・スパイクでのジャンプ動作等
⑤ デッド・リフト	大殿筋,大腿四頭筋,大腿屈筋群,脊柱起立筋	レシーブの姿勢維持およびブロック・スパイクでのジャンプ動作等
⑥ サイド・ランジ	大殿筋,大腿屈筋群,大内転筋	レシーブの構えの姿勢維持およびヒッティングでの姿勢
⑦ カーフ・レイズ	腓腹筋,ヒラメ筋	ブロック・スパイクでのジャンプ動作等
⑧ プッシュ・プレス	大殿筋,大腿屈筋群	レシーブのけり出しおよびブロック・スパイクでのジャンプ動作等
⑨ パワー・クリーン	上腕三頭筋,三角筋,僧帽筋 大殿筋,大腿屈筋群,腓腹筋 上腕三頭筋,三角筋,僧帽筋	ブロック・スパイクでのジャンプ動作等
⑩ スナッチ	大殿筋,三角筋,僧帽筋	ブロック・スパイクでのジャンプ動作等
⑪ ベント・アーム・プルオーバー	大胸筋,広背筋,上腕三頭筋	サーブ・スパイク動作等
⑫ アップライト・ロウ	僧帽筋,三角筋,上腕二頭筋	サーブ・スパイク動作の肘の引き上げ動作
⑬ リスト・カール	長掌筋,橈側手根屈筋,尺側手根屈筋	サーブ・スパイクでのスナップ動作
⑭ レッグ・エクステンション	大腿四頭筋	レシーブの姿勢維持およびブロック・スパイクでのジャンプ動作等
⑮ レッグ・カール	大腿屈筋群	レシーブの姿勢維持およびブロック・スパイクでのジャンプ動作等

競技種目	運動時間 （1セットあたりの時間） 単位（分）	無酸素/有酸素運動の割合 トレーニングを行なう場合	無酸素/有酸素運動の割合 試合を想定した場合
インドア ビーチ	20〜30 15〜25	無酸素60％／有酸素40％ 無酸素60％／有酸素40％	無酸素70％／有酸素30％ 無酸素60％／有酸素40％
	（1ラリーあたりの時間） 単位（秒）		
インドア ビーチ	20〜40 15〜30	無酸素60％／有酸素40％ 無酸素60％／有酸素40％	無酸素70％／有酸素30％ 無酸素80％／有酸素20％

有酸素運動の目安として（具体的な例として）
- 中学生
  3,000m ①13〜15分程度 ②20分程度
- 高校生・大学生・成人
  5,000m ①15〜17分程度 ②18〜23分程度

無酸素運動の目安として（具体的な例として）
- 中学生
  400m ①50〜55秒程度 ②60〜65秒程度
- 高校生・大学生・成人
  400m ①48〜50秒程度 ②50〜60秒程度

大学運動部を対象とした技術，体力，気力の割合の調査結果

[バレーボール　男子]
準備期　⇒技術20％＋体力60％＋気力20％＝100％
鍛錬期　⇒技術25％＋体力50％＋気力25％＝100％
仕上げ期⇒技術60％＋体力10％＋気力30％＝100％
試合期　⇒技術70％＋体力 5％＋気力25％＝100％

[バレーボール　女子]
準備期　⇒技術40％＋体力40％＋気力20％＝100％
鍛錬期　⇒技術50％＋体力30％＋気力20％＝100％
仕上げ期⇒技術60％＋体力20％＋気力20％＝100％
試合期　⇒技術70％＋体力 5％＋気力25％＝100％

★POINT
ウェイトトレーニングの負荷とセット数
負荷は成人にあわせているので中学生は
60％を目安に行なう．

トレーニングの初期段階
60％で10〜12回　2セット
70％で8〜10回　2セット
80％で6〜8回　2セット

トレーニングに慣れてきたら
70％で8〜10回　2セット
80％で6〜8回　2セット
95％で2〜3回　2セット

26. ラグビー

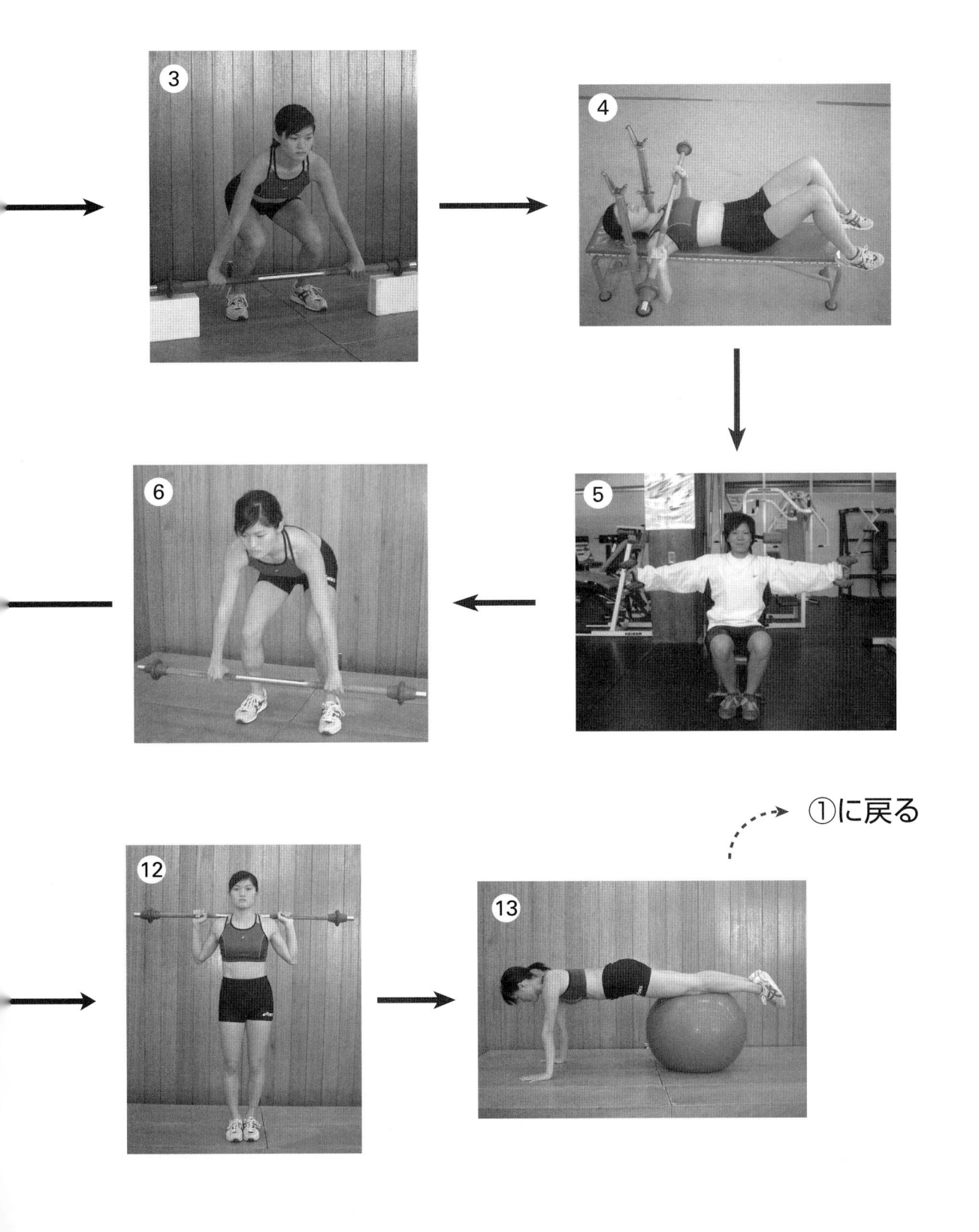

第Ⅲ章　26．ラグビー　115

①に戻る

トレーニング種目	筋 群	動 作
① パワー・クリーン	全身	ダッシュ・タックル・ステップなど瞬発的な動作の切り替え
② スナッチ	全身	ダッシュ・タックル・ステップなど瞬発的な動作の切り替え
③ スプリット・スナッチ	全身	瞬発的な動作の切り替えおよびバランス
④ フラット・ベンチ・プレス	大胸筋,三角筋,上腕三頭筋	ハンドオフ動作の上肢および体幹の強化
⑤ ダンベル・フライ	大胸筋,三角筋,烏口腕筋	タックルやバインドでの上肢および体幹の強化
⑥ ベント・オーバー・ロウ	脊柱起立筋,僧帽筋,菱形筋,三角筋,上腕二頭筋,腕橈骨筋	モールやタックルでの相手またはボールの引き寄せ
⑦ ショルダー・シュラッグ	僧帽筋,肩甲挙筋,菱形筋	タックルやスクラムによる頚部および肩部の障害予防
⑧ スクワット	脊柱起立筋,大殿筋,大腿四頭筋,大腿屈筋群	構えの基本姿勢,スクラムやランニングでの姿勢維持およびプッシュ動作
⑨ デッド・リフト	脊柱起立筋,大殿筋,大腿四頭筋,大腿屈筋群	構えの基本姿勢,スクラムやランニングでの姿勢維持および上肢と下肢の連動
⑩ レッグ・ランジ	大殿筋,大腿四頭筋,大腿屈筋群	ラックやランニング時の姿勢の安定
⑪ フライング・スプリット	大殿筋,大腿四頭筋,大腿屈筋群	ランニング時の接地バランスの強化と脚の切り替え動作
⑫ サイド・ランジ	大殿筋,大腿四頭筋,大腿屈筋群,大内転筋	横方向への動きの強化
⑬ (バランスボールを利用した) ニー・プル	腹直筋,脊柱起立筋,大殿筋,大腿直筋	ランニング時のバランスの強化と脚の引き上げ動作の連動

競技種目	運動時間（試合時間）単位（分）	無酸素/有酸素運動の割合 トレーニングを行なう場合	無酸素/有酸素運動の割合 試合を想定した場合
高校生	60（30分ハーフ）	無酸素70〜80%／有酸素20〜30%	無酸素80〜90%／有酸素10〜20%
大学生・社会人	80（40分ハーフ）	無酸素60〜70%／有酸素30〜40%	無酸素70〜80%／有酸素20〜30%

有酸素運動の目安として（具体的な例として）

●高校生の場合
　　シーズン期　⇒　有酸素運動はほとんど行なわない．
　　強化期　⇒　15〜20分間走を週2〜3回程度の頻度で行なう．

●大学生・社会人の場合
　　シーズン期　⇒　有酸素運動はほとんど行なわない．
　　強化期　⇒　20〜30分間走を週2〜3回程度の頻度で行なう．

無酸素運動の目安として（具体的な例として）

●高校生の場合
　　シーズン期　⇒　チーム戦術の確認やハンドリング練習を中心に行なう．
　　強化期　⇒　ウェイトやランニングパス等によるミドルパワーの養成を週4〜5回程度で行なう．

●大学生・社会人の場合
　　シーズン期　⇒　チーム戦術の確認やハンドリング練習を中心に行なう．
　　強化期　⇒　100m〜300mでのインターバルトレーニングを週2〜3回程度で行なう．

大学運動部を対象とした技術，体力，気力の割合の調査結果

[ラグビー　男子]
準備期　⇒技術15%＋体力70%＋気力15%＝100%
鍛錬期　⇒技術30%＋体力50%＋気力20%＝100%
仕上げ期⇒技術50%＋体力25%＋気力25%＝100%
試合期　⇒技術25%＋体力25%＋気力50%＝100%

★POINT
ウェイトトレーニングの負荷とセット数
負荷は成人にあわせているので中学生は60%を目安に行なう．

トレーニングの初期段階
60%で10〜12回　　2セット
70%で8〜10回　　　2セット
80%で6〜8回　　　 2セット

トレーニングに慣れてきたら
70%で8〜10回　　　2セット
80%で6〜8回　　　 2セット
95%で2〜3回　　　 2セット

27. バドミントン

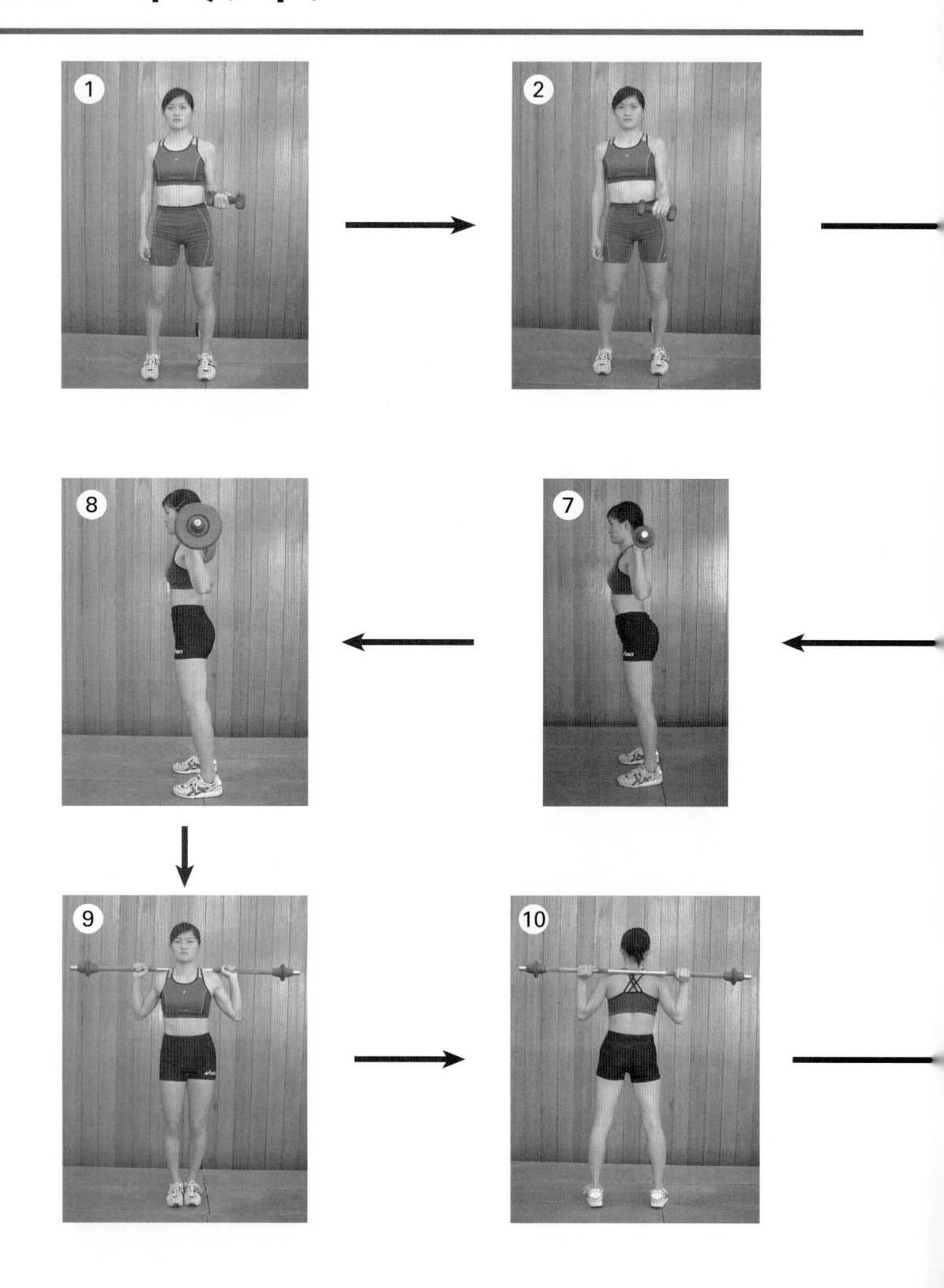

第Ⅲ章　27. バドミントン　119

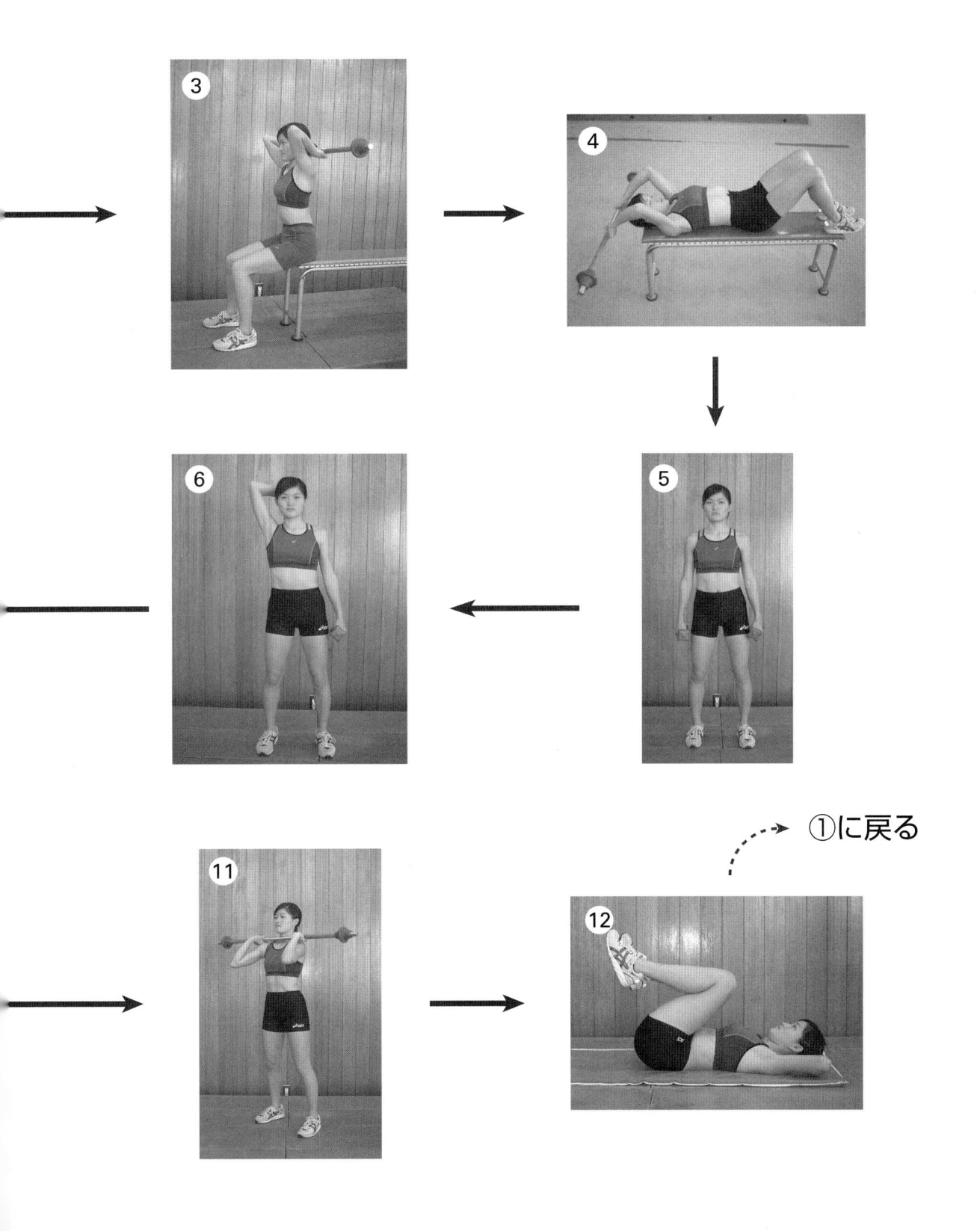

①に戻る

トレーニング種目	筋群	動作
① リスト・プロネーション	回内筋	フォアハンドストローク全般
② リスト・スピネーション	回外筋	バックハンドストローク全般
③ シーテッド・トライセプス・エクステンション	上腕三頭筋, 三角筋	スマッシュやドライブ等のオーバーストローク
④ ベント・アーム・プルオーバー	大胸筋, 広背筋	スマッシュやドライブ等のオーバーストローク
⑤ ラテラル・レイズ	広背筋, 僧帽筋	ハイバック等のバックハンドによるオーバーストローク
⑥ サイド・ベント	内・外腹斜筋	スマッシュ等強打の強化
⑦ ベント・オーバー	脊柱起立筋	フットワーク時の姿勢復元
⑧ スクワット	外側広筋	フットワーク強化
⑨ サイド・ランジ	大内転筋, 外側広筋	フットワーク時の方向転換
⑩ カーフ・レイズ	腓腹筋, ヒラメ筋	フットワーク強化
⑪ プッシュ・プレス	大殿筋, 大腿二頭筋	ジャンピング・スマッシュ
⑫ ヒップ・アブドミナル・ローリング	腹直筋	フットワーク時の姿勢維持およびほとんどのストロークの起動

競技種目	運動時間 2ゲーム（先取制インターバルなし） 単位（分）	無酸素／有酸素運動の割合
男子シングルス	40〜60	無酸素50％／有酸素50％
男子ダブルス	40〜60	無酸素60％／有酸素40％
女子シングルス	30〜50	無酸素40％／有酸素60％
女子ダブルス	30〜50	無酸素50％／有酸素50％
混合ダブルス男子	40〜60	無酸素50％／有酸素50％
混合ダブルス女子	40〜60	無酸素50％／有酸素50％

有酸素運動の目安として（具体的な例として）
- ●中学生男子シングルス
  3,000m：11〜13分　ノック：3分
  シャトルラン：90〜110回
- ●中学生男子ダブルス
  1,500m：4分〜4分30秒　ノック：2分
  シャトルラン：80〜100回
- ●高校生以上男子シングルス
  5,000m　17〜19分　ノック：8分
  シャトルラン：110〜130回
- ●高校生以上男子ダブルス
  3,000m　10〜11分　ノック：5分
  シャトルラン：100〜120回
- ●中学生女子シングルス
  3,000m：12〜14分　ノック：3分
  シャトルラン：90〜110回
- ●中学生女子ダブルス
  1,500m：4分30秒〜5分　ノック：2分
  シャトルラン：80〜100回
- ●高校生以上女子シングルス
  3,000m：11〜13分　ノック：8分
  シャトルラン：100〜120回
- ●高校生以上女子ダブルス
  3,000m：11〜12分　ノック：5分
  シャトルラン：90〜110回

無酸素運動の目安として（具体的な例として）
- ●中学生男子シングルス
  400m：60〜65秒　ノック：20秒×5本
- ●中学生男子ダブルス
  400m：55〜60秒　ノック：15秒×5本
- ●高校生以上男子シングルス
  400m：55〜60秒　ノック：30秒×5本
- ●高校生以上男子ダブルス
  400m：50〜55秒　ノック：20秒×5本
- ●中学生女子シングルス
  400m：65〜70秒　ノック：20秒×5本
- ●中学生女子ダブルス
  400m：60〜65秒　ノック：15秒×5本
- ●高校生以上女子シングルス
  400m：60〜65秒　ノック：30秒×5本
- ●高校生以上女子ダブルス
  400m：55〜60秒　ノック：20秒×5本

大学運動部を対象とした技術，体力，気力の
割合の調査結果

［バドミントン　男子］
準備期　⇒技術30％＋体力60％＋気力10％＝100％
鍛錬期　⇒技術40％＋体力50％＋気力10％＝100％
仕上げ期⇒技術50％＋体力30％＋気力20％＝100％
試合期　⇒技術30％＋体力20％＋気力50％＝100％

バドミントン　女子］
準備期　⇒技術30％＋体力60％＋気力10％＝100％
鍛錬期　⇒技術40％＋体力50％＋気力10％＝100％
仕上げ期⇒技術50％＋体力30％＋気力20％＝100％
試合期　⇒技術30％＋体力20％＋気力50％＝100％

★POINT
ウェイトトレーニングの負荷とセット数
負荷は成人にあわせているので中学生は
60％を目安に行なう．

トレーニングの初期段階
60％で10〜12回　　2セット
70％で8〜10回　　2セット
80％で6〜8回　　　2セット

トレーニングに慣れてきたら
70％で8〜10回　　2セット
80％で6〜8回　　　2セット
95％で2〜3回　　　2セット

28. 水 球

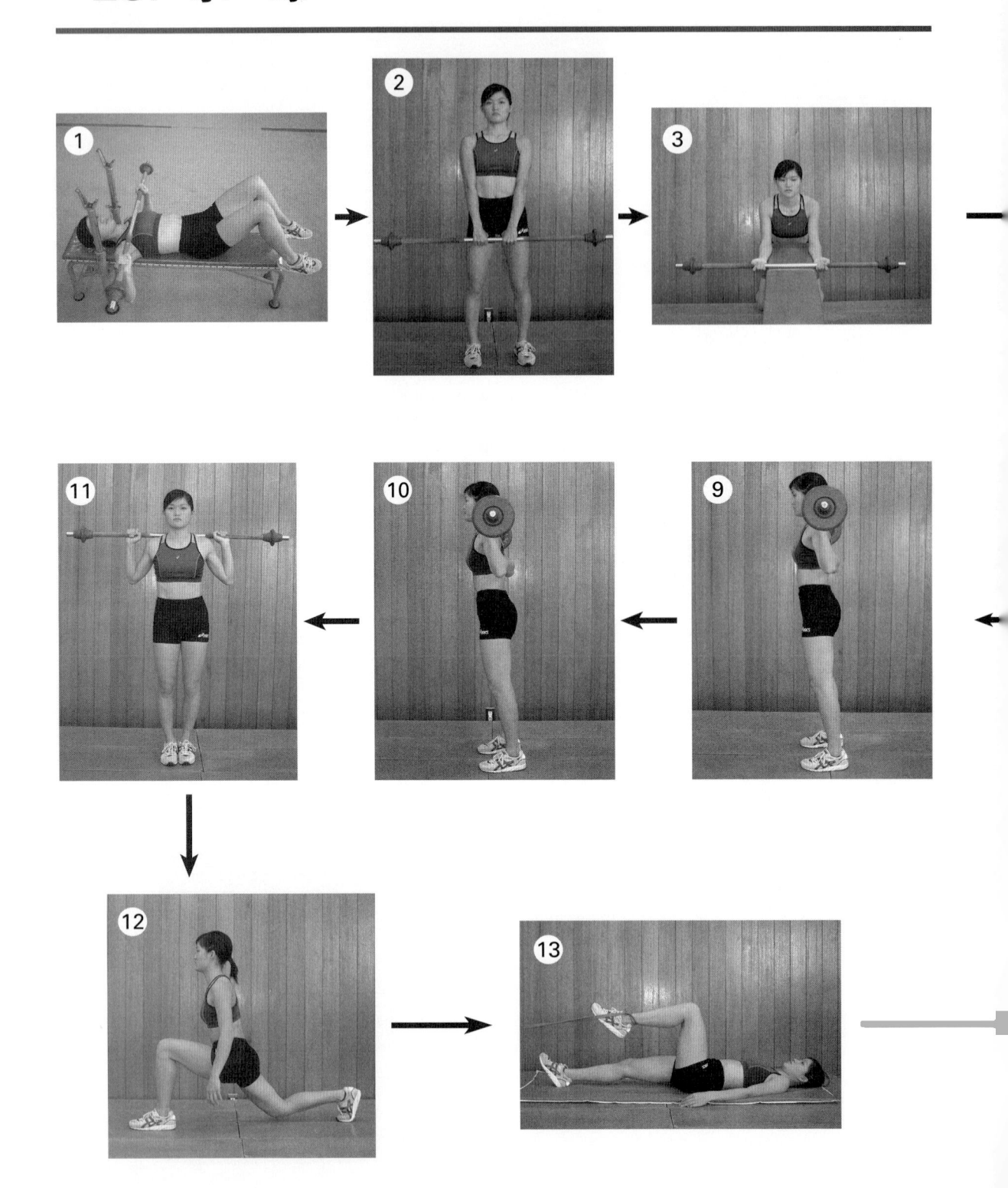

第Ⅲ章 28. 水 球 123

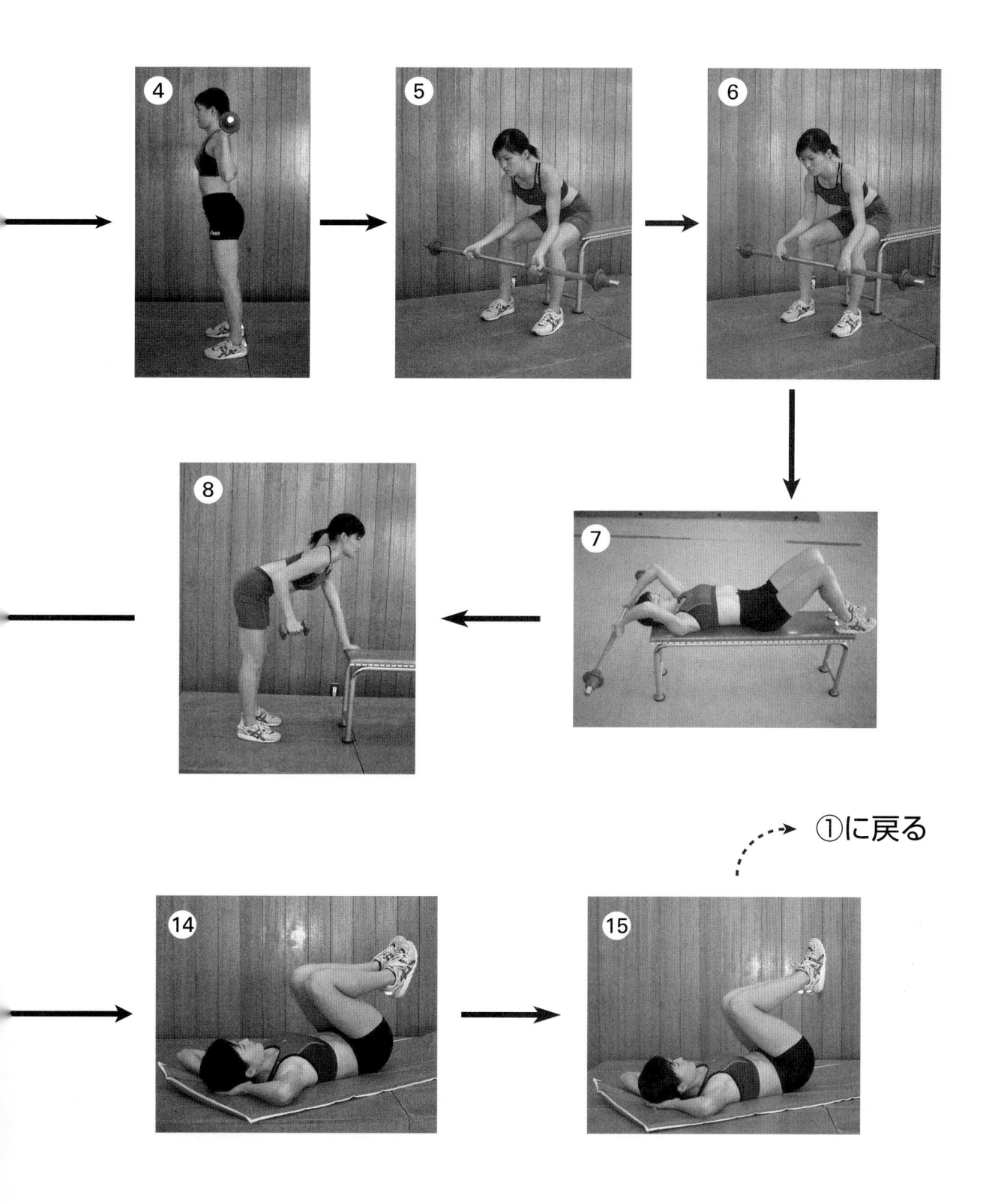

①に戻る

トレーニング種目	筋群	動作
① フラット・ベンチ・プレス	大胸筋, 上腕二頭筋	オフェンス, ディフェンス時のポジション取りの強化
② アップ・ライト・ロウ	僧帽筋, 三角筋, 上腕二頭筋	シュートのスピード, パワーの強化
③ プリーチャー・カール	上腕二頭筋, 上腕三頭筋	オフェンス, ディフェンス時のポジション取りの強化
④ ベント・オーバー	広背筋, 脊柱起立筋	シュートのスピード, パワーの強化
⑤ リスト・カール	尺側手根屈筋	シュート, パスに使用するリストの強化
⑥ リスト・エクステンション	尺側手根屈筋	シュート, パスに使用するリストの強化
⑦ ベント・アーム・プルオーバー	大胸筋, 広背筋, 上腕三頭筋	スイムのストローク強化, シュート力の強化
⑧ ダンベル・バックキック	上腕三頭筋, 三角筋, 大円筋	スイムのストローク強化
⑨ スクワット	大腿四頭筋, 大殿筋, 大腿屈筋群	フットワーク中における脚筋力, バランスの強化
⑩ レッグ・ランジ	大腿四頭筋, 大殿筋, 大腿屈筋群	フットワーク中における縦方向への移動スピードの強化
⑪ サイド・ランジ	外側広筋, 大殿筋, 大内転筋	フットワーク中における横方向への移動スピードの強化
⑫ ランジ・ジャンプ	大殿筋, 大腿二頭筋, 大腿四頭筋	股関節の柔軟性およびフットワークの強化
⑬ (チューブを利用した) ニー・プル	腹直筋, 腸腰筋, 大腿直筋	ボディバランスのための腹直筋周辺の強化および巻き足時の引きつけの筋力強化(跳びつき等)
⑭ ヒップ・アブドミナル・ローリング・ツイスト	腹直筋, 内外腹斜筋, 腸腰筋	ボディバランスのための腹直筋周辺の強化および巻き足時の引きつけの筋力強化(跳びつき等)
⑮ ヒップ・ローリング・ツイスト	腹直筋, 大殿筋, 内外腹斜筋, 外側広筋	ボディバランスのための腹直筋周辺の強化

29. バスケットボール

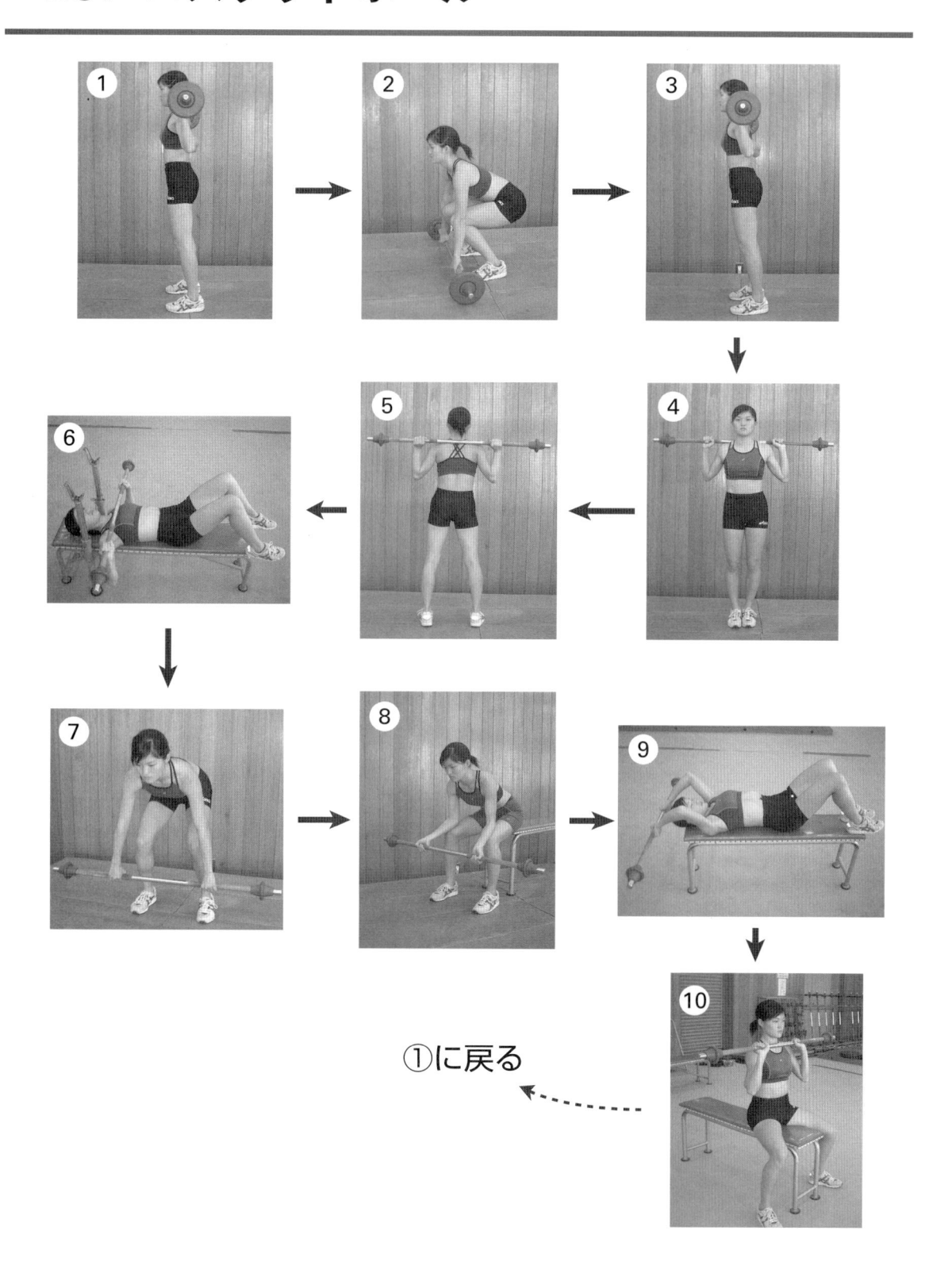

①に戻る

トレーニング種目	筋群	動作
① スクワット	大殿筋,大腿四頭筋,大腿屈筋群,脊柱起立筋	ジャンプ動作,ディフェンス姿勢の維持など
② デッド・リフト	大殿筋,大腿四頭筋,大腿屈筋群,脊柱起立筋	ジャンプ動作,ディフェンス姿勢の維持など
③ レッグ・ランジ	大殿筋,大腿屈筋群,大腿四頭筋	オフェンス姿勢の維持など
④ サイド・ランジ	大殿筋,大腿屈筋群,大内転筋	オフェンス,ディフェンス時のすばやい切り返しなど
⑤ カーフ・レイズ	内・外腓腹筋,ヒラメ筋,長腓骨筋	スタートダッシュなどの走力
⑥ フラット・ベンチ・プレス	上腕三頭筋・三角筋・大胸筋	フィジカルコンタクトなど
⑦ ベント・オーバー・ロウ	僧帽筋,脊柱起立筋,大・小菱形筋	シュートの安定性
⑧ リスト・カール	長掌筋,橈側手根屈筋,尺側手根屈筋	シュート・パスのスナップ力
⑨ ベント・アーム・プルオーバー	大胸筋,大円筋,広背筋	オーバーヘッドパスなど
⑩ シーテッド・ショルダー・プレス	僧帽筋,三角筋,上腕三頭筋	フィジカルコンタクトなど

無酸素的な割合と有酸素的な割合

オフェンス時	無酸素運動 オン・ザ・ボール	有酸素運動	無酸素運動 オフ・ザ・ボール	有酸素運動
・シュート	100%	0%		
・パス	100%	0%		
・ドリブル(カットイン)	100%	0%		
・ドリブル(ボール運び)	70%	30%		
・リバウンド	100%	0%	70%	30%
・速攻	80%	20%	80%	20%
・1on1	100%	0%	20%	80%
総オフェンス面	90%	10%	50%	50%

ディフェンス時	無酸素運動 オン・ザ・ボール	有酸素運動	無酸素運動 オフ・ザ・ボール	有酸素運動
・リバウンド	100%	0%	70%	30%
・1on1	100%	0%	20%	80%
・ハーフコートマンツー	100%	0%	30%	70%
・ハーフコートゾーン	80%	20%	30%	70%
・オールコートマンツー	100%	0%	60%	40%
・オールコートゾーンプレス	100%	0%	60%	40%
・総ディフェンス面	90%	10%	50%	50%

ゲーム	無酸素運動 オン・ザ・ボール	有酸素運動	無酸素運動 オフ・ザ・ボール	有酸素運動
・1クオーター	90%	10%	60%	40%
・4クオーター(1試合分)	80%	20%	50%	50%

大学運動部を対象とした技術,体力,気力の割合の調査結果

[バスケットボール　男子]
準備期　⇒技術40%＋体力30%＋気力30%＝100%
鍛錬期　⇒技術50%＋体力25%＋気力25%＝100%
仕上げ期⇒技術60%＋体力20%＋気力20%＝100%
試合期　⇒技術70%＋体力 5%＋気力25%＝100%

[バスケットボール　女子]
準備期　⇒技術40%＋体力30%＋気力30%＝100%
鍛錬期　⇒技術50%＋体力25%＋気力25%＝100%
仕上げ期⇒技術60%＋体力20%＋気力20%＝100%
試合期　⇒技術70%＋体力10%＋気力20%＝100%

★POINT
ウェイトトレーニングの負荷とセット数
負荷は成人にあわせているので中学生は60%を目安に行なう.

トレーニングの初期段階
60%で10～12回　　2セット
70%で8～10回　　2セット
80%で6～8回　　　2セット

トレーニングに慣れてきたら
70%で8～10回　　2セット
80%で6～8回　　　2セット
95%で2～3回　　　2セット

30. テニス

第Ⅲ章　30. テニス　129

①に戻る

トレーニング種目	筋 群	動 作
① スクワット	大腿四頭筋,大腿屈筋群,大殿筋	サービス,スマッシュ,ストローク
② シット・アップ	腹直筋,外腹斜筋,内腹斜筋	サービス,スマッシュ,ストローク時の身体の捻り
③ ベント・オーバー・ロウ	広背筋,上腕二頭筋,上腕三頭筋	サービス,スマッシュ
④ ストレート・アーム・プルオーバー	大胸筋,広背筋,僧帽筋,上腕三頭筋	サービス,スマッシュ
⑤ ラテラル・レイズ	大胸筋	フォアハンドストローク
⑥ アップライト・ロウ	僧帽筋,三角筋,上腕二頭筋,上腕三頭筋	サービス,スマッシュ
⑦ シーテッド・トライセプス・エクステンション	上腕三頭筋	サービス,スマッシュ,バックハンドストローク
⑧ ダンベル・バックキック	上腕二頭筋	フォアハンドストローク
⑨ リスト・カール	前腕伸筋群(橈側手根屈筋,尺側手根屈筋,深指屈筋,浅指屈筋)	フォアハンドストローク,ボレー時のラケット固定,サービス,スマッシュ
⑩ リスト・エクステンション	前腕屈筋群(長橈側手根伸筋,短橈側手根伸筋,尺側手根伸筋,総指伸筋,固有小指伸筋,固有示指伸筋)	バックハンドストローク,ボレー時のラケットの保持
⑪ フライング・スプリット	大腿四頭筋,下腿三頭筋	フットワーク
⑫ サイド・ランジ	大腿四頭筋	フットワーク
⑬ レッグ・ランジ	大腿四頭筋,大腿屈筋群,大殿筋	フットワーク
⑭ パワー・クリーン	大腿四頭筋,大腿屈筋群,下腿三頭筋	フットワーク

31. スピードスケート

①に戻る

トレーニング種目	筋群	動作
① ヒップ・アブドミナル・ローリング	腹直筋,腸腰筋,大腿直筋	腹圧を高め(体幹を固定),足を引き付ける
② ヒップ・アブドミナル・ローリング・ツイスト	腹直筋,腸腰筋,大腿直筋,外腹斜筋,内腹斜筋	腹圧を高め(体幹を固定),足を引き付ける,左右の体重移動を補助
③ スクワット	大腿四頭筋,大腿屈筋群,大殿筋	滑走姿勢の維持,キック力の強化
④ ベント・オーバー・ロウ	僧帽筋,脊柱起立筋,菱形筋,上腕二頭筋,腕橈骨筋	下半身のバランス保持
⑤ カーフ・レイズ	腓腹筋,ヒラメ筋	キック時におけるふくらはぎの強化
⑥ フロント・スクワット	大腿四頭筋,大腿屈筋群,大殿筋	滑走姿勢の維持,キック力の強化
⑦ フラット・ベンチ・プレス	大胸筋,上腕二頭筋	下半身のバランス保持
⑧ サイド・ランジ	外側広筋,大殿筋,大内転筋,大腿屈筋群	滑走姿勢の維持,キック力の強化,体重移動時のサイドの筋力強化
⑨ フライング・スプリット	大腿四頭筋,大腿屈筋群,大殿筋	キック力の強化,スピードの向上
⑩ デッド・リフト	大腿四頭筋,大腿屈筋群,大殿筋	滑走姿勢の維持,キック力の強化
⑪ レッグ・ランジ	大腿四頭筋,大腿屈筋群,大殿筋	キック力の強化,スピードの向上

競技種目	運動時間 （1本の滑走時間） 単位（秒）	無酸素/有酸素運動の割合 トレーニングを行なう場合	無酸素/有酸素運動の割合 試合を想定した場合
500m	35～45	無酸素70%／有酸素30%	無酸素80%／有酸素20%
1,000m	70～85	無酸素60%／有酸素40%	無酸素70%／有酸素30%
1,500m	105～130	無酸素50%／有酸素50%	無酸素60%／有酸素40%
3,000m	215～280	無酸素30%／有酸素70%	無酸素30%／有酸素70%
5,000m	390～495	無酸素20%／有酸素80%	無酸素20%／有酸素80%
10,000m	800～900	無酸素20%／有酸素80%	無酸素20%／有酸素80%

有酸素運動の目安として（具体的な例として）

● 中学生
　3,000m　①13～15分程度　②20分程度

● 高校生・大学生・成人
　5,000m　①15～17分程度　②18～23分程度

無酸素運動の目安として（具体的な例として）

● 中学生
　150m　①35～45秒程度　②40～45秒程度

● 高校生・大学生・成人
　200m　①35～40秒程度　②40～45秒程度

大学運動部を対象とした技術，体力，気力の割合の調査結果
[スピードスケート　男女]

準備期　⇒技術 5%＋体力65%＋気力30%＝100%
鍛錬期　⇒技術30%＋体力35%＋気力35%＝100%
仕上げ期⇒技術50%＋体力25%＋気力25%＝100%
試合期　⇒技術45%＋体力 5%＋気力50%＝100%

★ POINT
ウェイトトレーニングの負荷とセット数
負荷は成人にあわせているので中学生は60%を目安に行なう．

トレーニングの初期段階
60%で10～12回　2セット
70%で8～10回　2セット
80%で6～8回　2セット

トレーニングに慣れてきたら
70%で8～10回　2セット
80%で6～8回　2セット
95%で2～3回　2セット

32. ショートトラック

第Ⅲ章　32．ショートトラック　　135

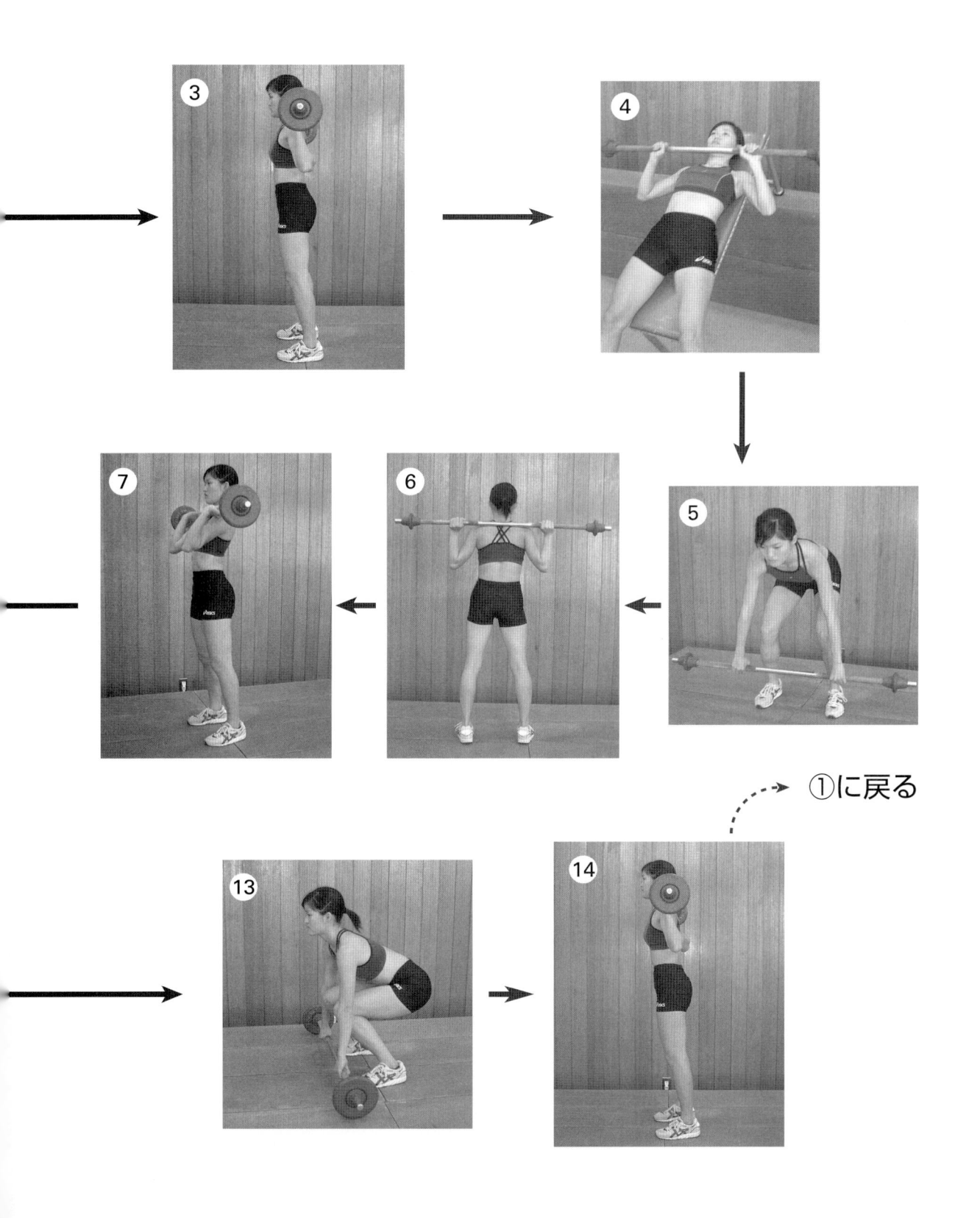

①に戻る

トレーニング種目	筋群	動作
① ヒップ・アブドミナル・ローリング	腹直筋,腸腰筋,大腿直筋	腹圧を高め(体幹を固定),足を引き付ける
② ヒップ・アブドミナル・ローリング・ツイスト	腹直筋,腸腰筋,大腿直筋,外腹斜筋,内腹斜筋	腹圧を高め(体幹を固定),足を引き付ける,左右の体重移動を補助
③ スクワット	大腿四頭筋,大腿屈筋群,大殿筋	滑走姿勢の維持,キック力の強化
④ インクライン・ベンチ・プレス	三角筋,上腕三頭筋,大胸筋	リレー時のプッシュ動作の強化
⑤ ベント・オーバー・ロウ	僧帽筋,脊柱起立筋,菱形筋,上腕二頭筋,腕橈骨筋	下半身とのバランス保持
⑥ カーフ・レイズ	腓腹筋,ヒラメ筋	キック時におけるふくらはぎの強化
⑦ フロント・スクワット	大腿四頭筋,大腿屈筋群,大殿筋	滑走姿勢の維持,キック力の強化
⑧ フラット・ベンチ・プレス	大胸筋・上腕三頭筋	リレー時のプッシュ動作の強化,下半身とのバランス保持
⑨ サイド・ベント	脊柱起立筋,内・外腹斜筋,広背筋	遠心力に対する体幹の固定
⑩ サイド・ランジ	外側広筋,大殿筋,大内転筋,大腿屈筋群	滑走姿勢の維持,キック力の強化,体重移動時のサイドの筋力強化
⑪ フライング・スプリット	大腿四頭筋,大腿屈筋群,大殿筋	キック力の強化,スピードの向上
⑫ ショルダー・シュラッグ	僧帽筋,肩甲挙筋,大・小菱形筋	遠心力に対する頭の固定,転倒時のダメージを最小限にするため
⑬ デッド・リフト	大腿四頭筋,大腿屈筋群,大殿筋	滑走姿勢の維持,キック力の強化
⑭ レッグ・ランジ	大腿四頭筋,大腿屈筋群,大殿筋	キック力の強化,スピードの向上

競技種目	運動時間 （1本の滑走時間） 単位（秒）	無酸素／有酸素運動の割合 トレーニングを行なう場合	無酸素／有酸素運動の割合 試合を想定した場合
500m	41～45	無酸素70％／有酸素30％	無酸素80％／有酸素20％
1,000m	85～95	無酸素50％／有酸素50％	無酸素60％／有酸素40％
1,500m	130～150	無酸素30％／有酸素70％	無酸素30％／有酸素70％
3,000m	270～320	無酸素20％／有酸素80％	無酸素20％／有酸素80％
3,000mリレー	240～270	無酸素80％／有酸素20％	無酸素80％／有酸素20％
5,000mリレー	420～450	無酸素80％／有酸素20％	無酸素80％／有酸素20％

有酸素運動の目安として（具体的な例として）

●中学生
　3,000m　①13～15分程度　②20分程度

●高校生・大学生・成人
　5,000m　①15～17分程度　②18～23分程度

無酸素運動の目安として（具体的な例として）

自転車エルゴメータを用いたトレーニング

●中学生
　10秒全力-20秒休憩を続けて5～8回
　　①自分の体重に0.06～0.07を乗じた負荷（kp/kg）
　　②自分の体重に0.07～0.08を乗じた負荷（kp/kg）

●高校生・大学生・成人
　40秒間90回転キープ-40秒休憩を続けて4～6回
　　①自分の体重に0.07～0.08を乗じた負荷（kp/kg）
　　②自分の体重に0.06～0.07を乗じた負荷（kp/kg）

★POINT
ウェイトトレーニングの負荷とセット数
負荷は成人にあわせているので中学生は
60％を目安に行なう．

トレーニングの初期段階
60％で10～12回　　2セット
70％で8～10回　　2セット
80％で6～8回　　　2セット

トレーニングに慣れてきたら
70％で8～10回　　2セット
80％で6～8回　　　2セット
95％で2～3回　　　2セット

競技種目	運動時間 （1本の滑走時間） 単位（秒）	無酸素／有酸素運動の割合 トレーニングを行なう場合	無酸素／有酸素運動の割合 試合を想定した場合
1プレー	5～10	無酸素80％／有酸素20％	無酸素90％／有酸素10％
インターバル	45～60	無酸素30％／有酸素70％	無酸素40％／有酸素60％
1シリーズ	5～300	無酸素50％／有酸素50％	無酸素60％／有酸素40％

有酸素運動の目安として（具体的な例として）

●高校生・大学生・成人
　5,000m　①15～17分程度

無酸素運動の目安として（具体的な例として）

2,000mシャトルランのインターバル

●高校生・大学生・成人
　50～400mのシャトルランで全力疾走と完全休養のレペテーションで行ない，
　走時間と同時間休養を入れる．　①20分程度

33. スキー（アルペン）

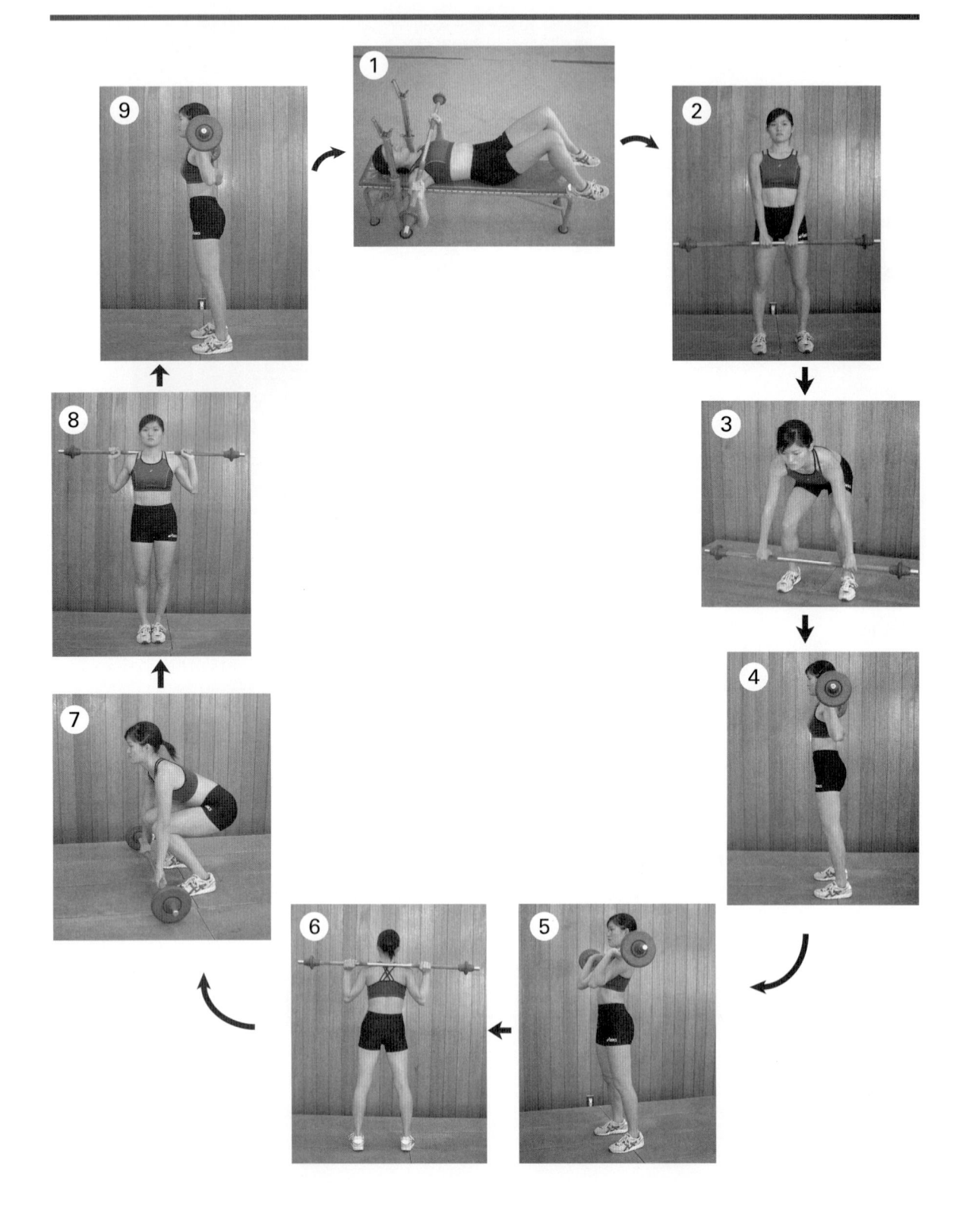

トレーニング種目	筋群	動作
① フラット・ベンチ・プレス	大胸筋,上腕二頭筋	腕のストックワーク
② アップライト・ロウ	僧帽筋,三角筋,上腕二頭筋	肩でのストックワークと姿勢保持
③ ベントオーバー・ロウ	僧帽筋,脊柱起立筋,菱形筋,上腕二頭筋,腕橈骨筋	滑走中での姿勢維持
④ スクワット	大腿四頭筋,大腿屈筋群,大殿筋	滑走中の脚筋力の強化
⑤ フロント・スクワット	大腿四頭筋,大腿屈筋群,大殿筋	滑走中の前傾姿勢の維持
⑥ カーフ・レイズ	腓腹筋,ヒラメ筋	滑走中の加重動作の強化
⑦ デッド・リフト	大腿四頭筋,大腿屈筋群,大殿筋	滑走中の深い姿勢での脚筋力の強化
⑧ サイド・ランジ	外側広筋,大殿筋,大内転筋	滑走中での素早いターンの切り替え動作をするためのサイドの筋力強化
⑨ レッグ・ランジ	大腿四頭筋,大腿屈筋群,大殿筋	滑走中での素早いターンの切り替え動作をするためのサイドの脚前部の筋力強化

競技種目	運動時間（1本の滑走時間）単位（秒）	無酸素/有酸素運動の割合 トレーニングを行なう場合	無酸素/有酸素運動の割合 試合を想定した場合
回転	40〜60	無酸素60%／有酸素40%	無酸素70%／有酸素30%
大回転	50〜70	無酸素40%／有酸素60%	無酸素40%／有酸素60%
スーパー大回転	60〜90	無酸素30%／有酸素70%	無酸素30%／有酸素70%
滑降	70〜90	無酸素20%／有酸素80%	無酸素20%／有酸素80%

有酸素運動の目安として（具体的な例として）
● 中学生
　3,000m　① 13〜15分程度　② 20分程度
● 高校生・大学生・成人
　5,000m　① 15〜17分程度　② 18〜23分程度

無酸素運動の目安として（具体的な例として）
● 中学生
　400m　① 50〜55秒程度　② 60〜65秒程度
● 高校生・大学生・成人
　400m　① 48〜50秒程度　② 50〜60秒程度

大学運動部を対象とした技術,体力,気力の割合の調査結果
[スキー　男女]
準備期　⇒技術 0%＋体力50%＋気力50% ＝100%
鍛錬期　⇒技術20%＋体力40%＋気力40% ＝100%
仕上げ期⇒技術40%＋体力40%＋気力20% ＝100%
試合期　⇒技術40%＋体力20%＋気力40% ＝100%

★POINT
ウェイトトレーニングの負荷とセット数
負荷は成人にあわせているので中学生は60%を目安に行なう.

トレーニングの初期段階
60%で10〜12回　　2セット
70%で8〜10回　　2セット
80%で6〜8回　　　2セット

トレーニングに慣れてきたら
70%で8〜10回　　2セット
80%で6〜8回　　　2セット
95%で2〜3回　　　2セット

34. スキー（ジャンプ）

トレーニング種目	筋群	動作
① フラット・ベンチ・プレス	大胸筋,上腕二頭筋	空中での姿勢保持
② ベント・オーバー・ロウ	僧帽筋,脊柱起立筋,菱形筋,上腕二頭筋,腕橈骨筋	クローチング,空中での姿勢維持
③ スクワット	大腿四頭筋,大腿屈筋群,大殿筋	跳躍時の強化,および着地時で衝撃に耐え,テレマーク姿勢を維持するため
④ フロント・スクワット	大腿四頭筋,大腿屈筋群,大殿筋	空中での前傾姿勢の維持
⑤ カーフ・レイズ	腓腹筋,ヒラメ筋	強い踏切を行なうためのふくらはぎの強化
⑥ サイド・ランジ	外側広筋,大殿筋,大内転筋	着地での衝撃力に打ち勝つためのサイドの筋力強化
⑦ フライング・スプリット	大腿四頭筋,大腿屈筋群,大殿筋	跳躍力の強化
⑧ デッド・リフト	大腿四頭筋,大腿屈筋群,大殿筋	滑走中の深い姿勢から空中への飛び出し時の脚筋力強化
⑨ レッグ・ランジ	大腿四頭筋,大腿屈筋群,大殿筋	滑走中の深い姿勢から空中への飛び出し時の脚筋力強化

運動時間	無酸素／有酸素運動の割合 トレーニングを行なう場合	無酸素／有酸素運動の割合 試合を想定した場合
滑走時間3～4秒,滞空時間3～4秒	無酸素60％／有酸素40％	無酸素90％／有酸素10％

有酸素運動の目安として（具体的な例として）
●中学生
　3,000m　①13～15分程度　②20分程度
●高校生・大学生・成人
　5,000m　①15～17分程度　②18～23分程度

無酸素運動の目安として（具体的な例として）
●中学生
　100m　①12～13秒程度　②13～14秒程度
●高校生・大学生・成人
　100m　①11～12秒程度　②12～14秒程度

大学運動部を対象とした技術,体力,気力の割合の調査結果
[スキー　男女]
　準備期　⇒技術　0％＋体力50％＋気力50％＝100％
　鍛錬期　⇒技術20％＋体力40％＋気力40％＝100％
　仕上げ期⇒技術40％＋体力40％＋気力20％＝100％
　試合期　⇒技術40％＋体力20％＋気力40％＝100％

★POINT
ウェイトトレーニングの負荷とセット数
負荷は成人にあわせているので中学生は60％を目安に行なう.

トレーニングの初期段階
60％で10～12回　2セット
70％で8～10回　2セット
80％で6～8回　　2セット

トレーニングに慣れてきたら
70％で8～10回　2セット
80％で6～8回　　2セット
95％で2～3回　　2セット

監修者・編集者紹介

堀居　昭（ほりい　あきら）
　現職　日本体育大学大学院トレーニング科学系後期課程主任教授
　1937年生まれ　北海道函館市出身
　東京大学大学院博士課程満期退学
　医学博士（東邦大学）
　専門分野　運動生理学，トレーニング科学
　＊平成13年に運動生理学者としてはじめて社会文化功労賞（日本文化振興会より）を受賞

弘　卓三（ひろ　たくみつ）
　現職　鶴見大学歯学部体育学研究室助教授
　1952年生まれ　福岡県田川郡出身
　日本体育大学大学院体育学研究科修了
　医学博士（昭和大学）
　専門分野　運動生化学・生理学，トレーニング科学

山田　保（やまだ　たもつ）
　現職　日本体育大学大学院トレーニング科学系教授
　1950年生まれ　東京都千代田区出身
　日本体育大学大学院博士前期課程修了
　体育学修士
　専門分野　体力学，トレーニング科学

井川　正治（いがわ　しょうじ）
　現職　日本体育大学大学院トレーニング科学系教授
　1951年生まれ　群馬県富岡市出身
　日本体育大学大学院体育学研究科修了
　医学博士（昭和大学）
　専門分野　スポーツ栄養学，環境生理学

濱野　学（はまの　まなぶ）
　現職　明治学院大学非常勤講師
　1961年生まれ　北海道根室市出身
　日本体育大学大学院体育学研究科修了
　体育学修士
　専門分野　生理学，トレーニング・コンディショニング管理，リハビリテーション

衣笠　竜太（きぬがさ　りゅうた）
　現職　武蔵野大学専任講師
　1976年生まれ　茨城県つくば市出身
　筑波大学大学院体育研究科卒
　体育学修士
　専門分野　運動生理学

2005年12月10日　第1版第1刷発行

目で見てわかる部位別筋力トレーニング
定価（本体2,000円＋税）　　　　　　　　　　　　　　　　　　　　　　検印省略

　　　　　　　　　　　監　修　　堀居　　昭
　　　　　　　　　　　発行者　　太田　　博
　　　　　　　　　　　発行所　　株式会社　杏林書院
　　　　　　　　　　　　　　　〒113-0034　東京都文京区湯島4-2-1
　　　　　　　　　　　　　　　Tel 03-3811-4887（代）
　　　　　　　　　　　　　　　Fax 03-3811-9148
© A. Horii　　　　　　　　　　http://www.kyorin-shoin.co.jp

ISBN 4-7644-1076-1　C3047　　　　　　　　　　三報社印刷／川島製本所
Printed in Japan

・本書の複製権・翻訳権・上映権・譲渡権・公衆送信権（送信可能化権を含む）は株式会社杏林書院が保有します．
・JCLS ＜（株）日本著作出版権管理システム委託出版物＞
　本書の無断複写は著作権法上での例外を除き禁じられています．複写される場合は，その都度事前に（株）日本著作出版権管理システム（電話03-3817-5670, FAX 03-3815-8199）の許諾を得てください．